よく使う
イタリア語の
慣用句
1100

竹下 ルッジェリ・アンナ
秋山美野

白水社

本書の使いかた

イタリア語の慣用句と
日本語の意味

表現に使われている単語

慣用句を使った
例文
できるだけ実用的
なものを紹介して
います。例文は原則
ひとつですが、複数
の用法がある場合
はそれぞれ掲載し
ています。

慣用句の由来と
解説
可能な限り直訳を
入れています。類
似表現、関連表現
も記してありま
す。形は似ている
けれども意味が違
う表現は、注意事
項として紹介して
います。

同じ単語を使うその他の表現
例文はありませんが、よく使われる
ものをピックアップしてあります。

さらに理解を深めたい方は、
巻末の参考文献に挙げた書籍を
参照してください。

ACCIUGA アンチョビ（カタクチイワシ）

essere magro come un'acciuga
やせこけている、やつれている

直訳は「アンチョビのようにやせている」。essere secco come un'acciuga、
essere magro come un grissino、essere uno stecchino とも言う。

Eri più carina prima di fare quella dieta. Adesso *sei magra*
come un'acciuga!

あなたはあのダイエットをする前のほうが可愛かったよ。今はやつれているじゃ
ない。

essere pigiati come acciughe [sardine]
ぎゅうぎゅう詰めである

直訳は「アンチョビ［イワシ］のように押し込まれている」。缶詰のオイ
ル漬けアンチョビに由来する。essere schiacciati come acciughe/sardine、
essere stretti come le acciughe とも言う。

Oggi ho preso la metropolitana all'ora di punta, quindi io e gli
altri passeggeri *eravamo pigiati come acciughe*.

今日はラッシュアワーに地下鉄に乗ったから、私も他の乗客もぎゅうぎゅう詰め
だった。

✍ acciuga を使うその他の表現

avere il cervello come un'acciuga：知恵が足りない。直訳は「アンチョビのよう
な脳をもつ」。アンチョビは頭を切って売られていることから。

far l'acciuga in un barile：関わらない、知らんぷりをする。直訳は「樽の中でア
ンチョビをする」。塩漬けのアンチョビは頭を切り落とされてから樽に入れられ
るので、何も考えることができない。

装丁・本文組　細野綾子

はじめに

　慣用句とは、複数の語で構成され、全体の意味が字義通りではなく、比喩的な意味をもつ表現です。日本語にも「犬猿の仲」「首を長くする」「腹が立つ」「大根役者」などの言い回しがあります。たとえば「馬が合う」は実際には馬が出てくるわけではなく、馬と乗り手の呼吸が合うように、相手と気持ちが通じ合うという意味のたとえであることは、みなさんもよくご存じのことでしょう。

　イタリア語は慣用句が豊かな言語です。(far) venire la pelle d'oca「鳥肌がたつ」、non credere ai propri occhi「目を疑う」など、日本語の意味に近いものもありますが、avere grilli per la testa（直訳は「頭の中にコオロギがいる」）、in quattro e quattr'otto（同「4 + 4 = 8 の間に」）、a ogni morte di papa（同「法王逝去のたびに」）、fare una frittata（同「オムレツをつくる」）など、語彙は簡単ながら、直訳からは想像がつかない表現もたくさんあります。これらの慣用句としての意味は、ぜひ本書でご確認ください。

　本書では、使われている単語によって「動物」「食べ物・飲み物」「人の身体」「衣類」「宗教・神話」「文字・数・色など」の 6 つの章に分け、約1100 の慣用句をご紹介しています。ほとんどの慣用句には歴史・文化的な背景や由来がありますので、それらを知ることでイタリア人のセンスや考え方をかいま見ることもできます。たとえば avere poco sale in zucca（直訳は「カボチャの中に塩があまりない」）。昔の家では、乾燥したカボチャの中に塩を保存していました。キリスト教では塩は知恵を象徴し、カボチャは滑稽な言いかたで人の頭を指します。avere poco sale in zucca は「分別がない」を意味する慣用句です。

　慣用句は主に会話で使用されます。イタリア語を学ぶみなさんにとって、ネイティブの話を理解するため、またネイティブならではのイタリア語に近づくための有効な手段でもあります。新聞や小説などでもよく使われますので、イタリア語の読解にも役立ちます。慣用句は、使用される場面や文脈が鍵となります。本書では使用頻度が高い表現を選び、実用的な例文を書きおろしました。

　イタリア語の色とりどりな慣用句を通して、みなさんの学習がより豊かなものになることを心から願っております。

2021 年 9 月　著　者

目 次

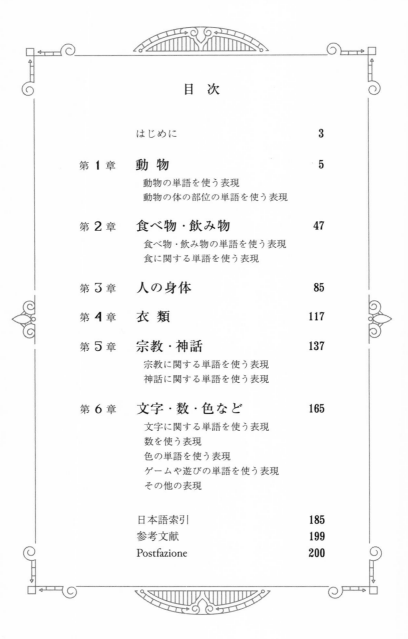

CAPITOLO 1

第 **1** 章

動 物

ANIMALI

動物の単語を使う表現

ACCIUGA アンチョビ（カタクチイワシ）

essere magro come un'acciuga
やせこけている、やつれている

> 直訳は「アンチョビのようにやせている」。essere secco come un'acciuga、essere magro come un grissino、essere uno stecchino とも言う。

> Eri più carina prima di fare quella dieta. Adesso *sei magra come un'acciuga*!

> あなたはあのダイエットをする前のほうが可愛かったよ。今はやつれているじゃない。

essere pigiati come acciughe [sardine]
ぎゅうぎゅう詰めである

> 直訳は「アンチョビ［イワシ］のように押し込まれている」。缶詰のオイル漬けアンチョビに由来する。essere schiacciati come acciughe/sardine、essere stretti come le acciughe とも言う。

> Oggi ho preso la metropolitana all'ora di punta, quindi io e gli altri passeggeri *eravamo pigiati come acciughe*.

> 今日はラッシュアワーに地下鉄に乗ったから、私も他の乗客もぎゅうぎゅう詰めだった。

🖋 acciuga を使うその他の表現

avere il cervello come un'acciuga：知恵が足りない。直訳は「アンチョビのような脳をもつ」。アンチョビは頭を切って売られていることから。

far l'acciuga in un barile：関わらない、知らんぷりをする。直訳は「樽の中でアンチョビをする」。塩漬けのアンチョビは頭を切り落とされてから樽に入れられるので、何も考えることができない。

ALLOCCO モリフクロウ

restare come un allocco
啞然としている

> 直訳は「モリフクロウのように固まる」。夜行性のモリフクロウは、突然強い光を当てられると固まってしまうことから。essere un allocco、fare la

figura di un allocco は「まぬけ」の意味。

Quando Enrico ha visto che era caduto un albero proprio sulla sua macchina, *è rimasto come un allocco*.

自分の車の上にちょうど木が倒れたのを見たとき、エンリーコは唖然としていた。

ALLODOLA　ヒバリ

specchietto per (le) allodole
罠、落とし穴

直訳は「ヒバリ用の小さな鏡」。狩りに使われていたヒバリ用の罠（鏡の破片を利用して光の反射で呼び寄せるしかけ）に由来する。

Quella pubblicità è uno *specchietto per le allodole*. Una volta ho comprato il prodotto che pubblicizzava, ma non aveva per niente le caratteristiche promesse.

あの宣伝は罠だ。宣伝している商品を一度買ったことがあるけれど、売りの特徴は何もなかった。

ANGUILLA　ウナギ

fare l'anguilla
すばしっこい、責任を放棄する

anguilla はラテン語の *anguis*（蛇）に由来、ウナギは蛇と同様に邪悪な生き物とされていたことからネガティブな意味で使われる。essere un'anguilla とも言う。

Non fare l'anguilla e prenditi le tue responsabilità.

逃げずに自分の責任をとりなさい。

prendere l'anguilla per la coda
（最後の最後で）難局を乗り切る

直訳は「ウナギを尻尾から捕る」。ウナギを尻尾から摑むのはとても難しいことから。afferrare l'anguilla per la coda とも言う。

Con la sua ultima affermazione, quel politico ha combinato un vero pasticcio, ma alla fine è riuscito a *prendere l'anguilla per la coda*.

あの政治家は最後の発言でとんでもない惨事を引き起こしたが、最終的にはうまく
乗り切った。

*anguilla を使うその他の表現

essere un'anguilla imburrata：つかまえにくい。直訳は「バターを塗ったウナギ
である」。

AQUILA タカ

essere un'aquila

（とても）頭がよい

> 皮肉にも使う。

Stefano *è un'aquila*! Quando sorge un problema al lavoro,
capisce subito la causa e lo risolve immediatamente.

> ステーファノはとても頭がいい。仕事で問題が起こると、すぐに原因がわかって
> 瞬時に解決する。

A : Ho capito perché Matilde prende sempre brutti voti a
scuola : non studia mai.

B : Bravo! Allora *sei un'aquila*!

> A：マティルデが悪い成績ばかりとる理由がわかった。勉強しないからだ。
>
> B：そうだね。よくわかったね。

ASINO ロバ

essere un asino calzato e vestito

愚かである、（身だしなみがよくても）失敬である

> 直訳は「靴を履いて服を着たロバである」。ロバは耐久力に優れることから
> 荷物を運ぶ動物として使われていたが、頑固な性格のため、頭の悪い動物
> と決めつけられていた。

Hai prestato dei soldi a quell'imbroglione di Bernardo e
adesso ti lamenti che non te li vuole restituire?! *Sei un asino
calzato e vestito*!

> あのペテン師のベルナルドにお金を貸しておきながら、返済してくれないと嘆く
> のか。愚か者！

qui casca l'asino !

ここからが問題だ

> 直訳は「ここでロバが落ちる」。頭脳を試すために用意された罠（橋）から落ちるのは愚か者（ロバ）という「ロバの橋」に由来する。

Tu dici delle cose molto belle, ma proprio *qui casca l'asino*! Riuscirai a realizzarle?

> あなたは素敵な夢について語っているけれど、ここからが問題だ！　達成することができるだろうか。

🖋 asino を使うその他の表現

avere la testa d'asino：愚かである、理解力がない。直訳は「ロバの頭をもつ」。testa di rapa も同じ意味（p. 67 参照）。

fare come l'asino del pentolaio：（いろいろなことに巻き込まれたり、喋ってばかりで何も）解決しないこと。直訳は「鍋売りのロバのようにする」。鍋売りが家々を回って主婦たちと話し込むたびに、ロバが立ち止まっていなければならなかったことに由来。

fare come l'asino di Buridano：優柔不断である。直訳は「ビュリダンのロバのようにする」。ロバが全く同じ2つの干し草の前で、どちらを食べたらいいか決められず餓死するという14世紀の哲学者ジャン・ビュリダン（Jean Buridan, 1295-1358）の寓話によるものと考えられる。

legare l'asino dove vuole il padrone：（面倒を避けて人の）言いなりになる。直訳は「主人の好きな所にロバを結ぶ」。

BESTIA　動物、野獣、家畜

andare in bestia

怒り狂う、激怒する

> 人間としての理性を失うことから。montare in bestia も同じ意味。fare andare in bestia、mandare in bestia は「～を怒らせる」という意味。

Il mio collega *è andato in bestia* quando ha saputo che il presidente della ditta non gli avrebbe rinnovato il contratto.

> 私の同僚は、勤務先の社長が契約を更新してくれないと知ったとき激怒した。

essere una brutta bestia

乗り越えられそうにない（もの、または状況）

直訳は「醜い野獣である」。

Questo problema di algebra *è una brutta bestia*! Non riesco a risolverlo in nessun modo.

この代数学の問題は難しすぎる！ どうしても解けない。

faticare come una bestia
苦労して働く

直訳は「家畜のように働く」。

Ma non sei stanca di lavorare così? *Fatichi come una bestia* e per di più prendi* pochissimo!

こうして働くことにうんざりしないか。苦労して働く割に給料は低いじゃないか！

* この場合の prendere は「稼ぐ」の意味。

trattare come una bestia
（〜を）荒っぽく扱う

直訳は「家畜のように扱う」。

Quel direttore *tratta* sempre la sua segretaria *come una bestia*.

あの社長はいつも自分の秘書を荒っぽく扱う。

✒ bestia を使うその他の表現

la bestia nera：憎まれ者、怖がられている人。中世の絵画では誘惑に負けたり罪を犯したりしないよう信者を促すため、悪魔は黒い生き物として描かれていたことに由来すると思われる。

essere una bestia rara：常識はずれである。直訳は「珍しい野獣である」。放浪者が遠い国の珍動物を見せながら渡り歩いていたことに由来する。

CAMALEONTE カメレオン

essere un camaleonte
ご都合主義である

fare il camaleonte とも言う。**cambiare bandiera** は「白旗を振って敵に回る」という意味。

Alle precedenti elezioni hai votato per quel partito, ma adesso

che questo ha perso rilevanza voti per l'opposizione. *Sei un camaleonte* !

前の選挙ではあの政党を支持していたのに、人気を失った今は野党を支持するのか。ご都合主義だな。

CANE イヌ

essere come cane e gatto

仲が悪い

直訳は「イヌとネコのようである」。日本語の「犬猿の仲である」と同じ。皮肉的に andare d'accordo come il cane e il gatto とも言う。

Lidia e Franca *sono come cane e gatto* : appena si vedono iniziano a litigare.

リディアとフランカは犬猿の仲である。会うたびに喧嘩する。

essere fortunato come un cane in chiesa

運に見放される

直訳は「教会にいるイヌのように恵まれている」。イヌは教会に入れないことに由来。avere sfiga も似た意味。表現では essere fortunato（恵まれている）とあるが、意味は反対であることに注意。

Sono stata fortunata come un cane in chiesa, perché il concerto cui tenevo tanto è stato annullato.

楽しみにしていたコンサートが中止になって、運に見放されたよ。

non esserci un cane

誰もいない

直訳は「イヌ1匹もいない」。non trovare un cane、non esserci anima viva も同じ意味。

L'altro giorno, faceva così caldo che per le strade *non c'era un cane*.

先日は暑すぎて、道を歩く人は誰もいなかった。

sembrare un cane bastonato

落胆する

直訳は「叩かれたイヌのようである」。essere come un cane frustato、essere come un cane bastonato、sentirsi come un cane bastonato も同じ意味。

Al convegno quel relatore non ha saputo rispondere a una domanda e adesso *sembra un cane bastonato*.

あの発表者は学会で質問に答えることができず、いまは落胆している。

sentirsi [morire] solo come un cane
孤独である、孤独に死ぬ

直訳は「イヌのように孤独である［孤独に死ぬ］」。

Durante la pandemia, Francesca *si è sentita sola come un cane*.

パンデミックの中、フランチェスカは孤独だった。

soffrire come un cane
苦しむ

直訳は「イヌのように苦しむ」。特に失恋の場面で使う。soffrire come un animale、soffrire come una bestia も同じ意味。

La ragazza di mio fratello lo ha lasciato e lui *ha sofferto come un cane*. Adesso non vuole vedere nessuno e non esce più di casa.

恋人にふられて、兄はとても苦しんだ。今は誰にも会いたくなく、家を出ない。

stare da cani
落ち込む

形式ばった場面では使用しない。古代ローマ時代、娯楽で使うサイコロの目で一番低い数字が出たとき il colpo del cane と言ったことから、イヌには不運、不幸などの意味が与えられるようになった。また昔はイヌは人間の残り物で生活していたことにも由来。stare da schifo（俗語）も同じ意味。

Da quando Claudio ha perso il lavoro non fa altro che disperarsi. *Sta* proprio *da cani*!

職を失ってからクラウディオは嘆いてばかりだ。かなり落ち込んでいる。

trattare come un cane
（〜を）悪く扱う

直訳は「イヌのように扱う」。trattare come un cane in chiesa の省略。イヌは教会に入れないことに由来。trattare da cani も同じ意味。

Lo chef di quel ristorante *tratta* il suo apprendista *come un cane*: gli si rivolge sempre urlando o insultandolo e a volte lo picchia pure. Inaudito!

あのレストランのシェフは見習いを悪く扱う。いつも怒鳴って侮辱したり、ときには殴ったりもする。あり得ない！

vita da cani

苦労の多い人生、みじめな人生

直訳は「イヌのような人生」。

Tutti i giorni Fabio esce di casa alle 5 del mattino per andare a lavorare e rientra alle 9 di sera. Lavora anche il sabato e la domenica. Che *vita da cani*!

ファビオは毎朝5時に家を出て仕事へ行き、夜の9時に帰宅する。土日も働く。なんて苦労の多い人生だ。

✒ cane を使うその他の表現

can che abbaia non morde：《諺》見かけだけ怖い人・状況である。直訳は「吠えるイヌは噛みつかない」。

essere come il cane che si morde la coda：(問題が解決されず) 出発点に戻る。直訳は「尻尾を噛むイヌのようである」。自分の尻尾を追うイヌのように空回りをすることから。

menar il can per l'aia：(肝心な点に触れず) 回りくどく話す、時間稼ぎをする。

stare come il cane alla catena：(避けることができず) 苦難に遭う。自分の無力さにいらだつ。直訳は「鎖につながれたイヌのようである」。

(non) svegliare il can che dorme：自分の首を絞めるな。直訳は「眠っているイヌを起こす」。

CAPRA ヤギ

capro espiatorio

スケープゴート

直訳は「贖罪のヤギ」。贖宥の大祭でユダヤ人が2匹のヤギのうち、1匹は神への供物、もう1匹は砂漠に置き去りにし人間の罪を負わせて悪魔に捧げたことに由来する。

Quando quella squadra perde una partita, l'allenatore vuole

sempre trovare un ***capro espiatorio*** cui dare la colpa.

あのチームが試合に負けると、監督はいつも誰かのせいにしたがる。

far(e) questioni di lana caprina

無駄な議論をする

直訳は「ヤギの毛糸の問題にする」。小さなことにこだわるという意味もある。ホラティウスの言葉 litiga spesso sulla lana delle capre（直訳は「ヤギの毛糸についてよく喧嘩する」書簡誌 I, XVIII, 15）に由来。またはヤギの毛糸は価値が低かったこと、刈られた毛はほどくのが難しいことに由来するという説もある。essere una faccenda di lana caprina、discutere sul sesso degli angeli（p. 138参照）、ragionamenti bizantini も同じ意味。

Basta! Non c'è soluzione a questo problema, quindi è inutile continuare a ***far questioni di lana caprina***.

もういい！　この問題には解決策がない。だから議論しつづけるのは無駄だ。

La vuoi smettere di rubarmi tempo ***facendo questioni di lana caprina***?!

つまらないことで議論し続けて、私の時間を無駄にするのをやめてちょうだい。

salvare capra e cavoli

（対立する状況を）両立させる

直訳は「ヤギもキャベツも救う」。男が川の対岸へ、ヤギとキャベツとオオカミを運ばねばならない。ただし一度に2つしか運べない。ヤギはキャベツとは置いておけず、オオカミをヤギとは残せない。男はどのように3つとも対岸へ運ぶことができたのかという謎解きに由来する（答え：男は最初にヤギとキャベツを運ぶ。向こう岸へキャベツを置き、ヤギと帰ってくる。ヤギを置き、オオカミを運ぶ。向こう岸にオオカミとキャベツを置き帰ってくる。最後にヤギを運ぶ）。piantare capra e cavoli（直訳は「ヤギとキャベツを放棄する」）は「（状況を）諦める」という意味。

Con la tua ottima presentazione ***hai salvato capra e cavoli***, perché il simposio stava andando a rotoli*.

あなたの素晴らしい発表で状況を上手に切り抜けることができたよ。シンポジウムは失敗に終わりそうだったから。

* andare a rotoli ＝（計画などが）めちゃくちゃになる、失敗する

campa cavallo!
期待するだけ損

動詞 campare は「生きる、生き残る」の意味。格言 campa cavallo che l'erba cresce（直訳は「ウマよ、生きれば草は生えてくる」）を省略したもの。もともとは逆に、待つことを促すときに使われていた。男が餓死しそうなウマを連れて帰ろうとした際にウマに言ったとされる言葉に由来。aspetta e spera も同じ意味でファシスト植民地の曲の歌詞に由来。韻を踏む aspetta e spera che già l'ora si avvicina と続く。

A : Papà ci ha promesso che appena finirà quel lavoro importante, ci porterà a Disneyland.

B : Sì, *campa cavallo* ! Lo sai benissimo che lo dice ogni volta e poi non ci porta da nessuna parte !

> A：お父さんはあの大事な仕事が終わればディズニーランドへ連れてってくれると約束してくれた。
>
> B：期待しても無駄だ。毎回そう言って、どこかに連れて行ってくれたことがないのはわかっているでしょう。

essere a cavallo
難関を突破する、時期がまたがる

古代ローマでは、軍馬を自分で訓練し、維持費を払い、保持できてこそ一人前の騎士であったことに由来。異なる時代・状況をまたがるという意味もある。

Alla casa editrice è piaciuta l'idea del nostro libro e ci ha dato l'ok per iniziare a scriverlo. *Siamo a cavallo* !

> 私たちの本の企画を出版社が受け入れ、執筆を了承してくれた。難関を突破したぞ！

Il periodo più prolifico di Leonardo da Vinci *è stato a cavallo* tra il XV e il XVI secolo.

> レオナルド・ダ・ヴィンチの最も多作な時期は15世紀と16世紀にまたがる時期である。

essere il cavallo di battaglia (di qualcuno)
（〜の）得意なものである、十八番である

直訳は「(自分の)軍馬である」。軍馬は敵に囲まれても危険を回避し、たくましく主人を守ることに由来する。**essere il pezzo forte** も同じ意味。

Per tanti anni la canzone "L'anno che verrà" *è stata il cavallo di battaglia* di Lucio Dalla*.

〈L'anno che verrà〉は長年、ルーチョ・ダッラの十八番だった。

* ルーチョ・ダッラ (Lucio Dalla, 1943-2012) はイタリアの名歌手。

essere matto come un cavallo
もの好きな人である

直訳は「ウマのように気が狂っている」。ウマは気まぐれな動物であるとされることから。好意的に使う。**essere matto da legare** も同じ意味。

A : Sai che Dario ha venduto la sua bella casa a due piani ed è andato a vivere in una baita in mezzo alle montagne?

B : No! Ma allora *è matto come un cavallo*!

A：ダリオが2階建ての素敵な家を売り飛ばして、山奥の小屋に移り住んだこと、聞いた？

B：そんな！　もの好きな人だな。

📝 cavallo を使うその他の表現

andare con il cavallo di San Francesco：(アッシジの聖フランチェスコのように)徒歩で行く。清貧を説く聖フランチェスコは当然ウマをもっていなかったが、皮肉的にこのように言うようになった。

avere una febbre da cavallo：高熱がある。直訳は「ウマの熱が出る」。

cavallo di Troia：破壊をもたらす贈物、仲間であると見せかけて破壊工作を図る者。ギリシャ神話のトロイア戦争における「トロイアの木馬」に由来する。

partire a cavallo e tornare a piedi：(偉大な計画を立てて)失敗する。直訳は「乗馬で出発して徒歩で帰る」。

CIVETTA フクロウ

fare la civetta
媚びを売る、気を引く

虫を自分に引き寄せて捕らえる習性に由来。**essere una civetta** とも言う。

Hai visto Marilena che *ha fatto la civetta* con Gianpaolo per

tutta la serata?

マリレーナが一晩中ジャンパオロの気を引こうとしていたのを見た？

piangere lacrime di coccodrillo

空涙を流す

直訳は「ワニの涙を流す」。ワニは獲物を食べたあとに涙を流すように見えるが、本当は消化による反応である。

È inutile che tu *pianga lacrime di coccodrillo*! Lo sapevi che le tue azioni avrebbero causato questa situazione.

空涙を流しても無駄だ！　自分の行為がこのような結果をもたらすとわかっていたでしょう。

essere un coniglio

臆病者である

ウサギは怖がりな動物とされている。essere pauroso come un coniglio とも言う。

Sei un coniglio! Quando qualcuno ti fa una prepotenza, non reagisci mai.

あなたは臆病者だ。誰かに悪さをされても反応することがない。

avere il tatto di un elefante

デリカシーに欠ける

直訳は「ゾウ並みの触覚をもつ」。

Tu *hai* sempre *il tatto di un elefante*! Perché parlare di Ferdinando davanti a Debora, quando sai che si sono lasciati da due giorni?!

君はいつもデリカシーに欠ける。2日前に別れたと知っていて、なぜフェルディナンドの前でデボラの話をしたの？

avere una memoria da elefante

記憶力が抜群である

> 直訳は「ゾウ並みの記憶力をもつ」。avere la memoria di ferro も同じ意味。
> avere la memoria di Pico della Mirandola (Pico della Mirandola は 15 世紀の
> 人文学者かつ哲学者)、avere la memoria del cardinal Mezzofanti (Mezzofanti
> は 100 以上の言語や方言を話せた 18 世紀の人物) という表現もある。

> Hai memorizzato tutti i libri che il professore ci ha chiesto di
> studiare per il prossimo esame?! Ma allora *hai* proprio *una*
> *memoria da elefante*!

> 先生が次の試験のために勉強するように言った本をすべて暗記したの？　やっぱ
> りずば抜けた記憶力をもっているんだね。

✒ elefante を使うその他の表現

essere un elefante in un negozio di porcellane [in una cristalleria]：荒っぽい、
無礼である。直訳は「磁器の店にいるゾウである」。

fare di una mosca un elefante：(ちょっとしたことを) おおげさに言う。直訳は
「ハエをゾウにする」。

GALLINA メンドリ

andare a letto con le galline

早寝をする

> 直訳は「メンドリと一緒に寝る」。日が暮れると同時にメンドリが小屋へ
> 戻って眠るように、とても早い時間に寝るということ。andare a letto con i
> polli とも言う。

> Anche se inviti Carlo per il dopocena al pub, di sicuro non
> verrà. Lui *va* sempre *a letto con le galline*.

> カルロを夕食後にバーへ誘っても来ないと思うよ。いつも早く寝る人だからね。

avere un cervello di gallina

愚かである、分別がない

> 直訳は「メンドリの脳をもつ」。ニワトリの脳の大きさから。avere il cervello
> di uno scricciolo、avere il cervello quanto una formica とも言う。

> Giuseppe non ce la farà mai a gestire la ditta di famiglia. *Ha*

un cervello di gallina.

ジュゼッペが実家の会社を経営するのは難しいだろう。分別に欠ける。

la gallina dalle uova d'oro

（一度に大きな）利益をもたらす人やもの

直訳は「黄金の卵を産むメンドリ」。動詞 trovare または essere と使うことが多い。イソップ寓話の黄金の卵を産むガチョウの逸話（寓話287）に由来。

Oggi abbiamo trovato *la gallina dalle uova d'oro* : un vecchio cliente che ha deciso di finanziare il nostro progetto.

今日は収益につながりそうな人を見つけた。昔からのクライアントが我々のプロジェクトのために融資すると決めてくれた。

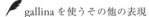 gallina を使うその他の表現

credersi il figlio della gallina bianca：（他人とは別で）自分は優れていると思う。直訳は「白いメンドリの息子だと思い込む」。**credersi il figlio dell'oca bianca** も同じ意味。

mangiare l'uovo in culo alla gallina：起きていない出来事に頼る。直訳は「メンドリの卵を食べるため、お尻で待ち構える」。少し下品な表現。

essere la gallina nera：土壇場で物事を決める。直訳は「黒いメンドリである」。

GALLO オンドリ

essere il gallo nel pollaio

（多数の）女性の中にひとりだけの男性である

Alla riunine di oggi pomeriggio *sarai il gallo nel pollaio* : verranno solo dipendenti donne.

今日の会議では多数の女性の中にひとりだけの男性になるだろう。女性社員ばかりが来る予定だ。

fare il gallo

傲慢な態度をとる、（男性が）女性の気を引く

主に男性に対して使う。**fare il galletto** とも言う。**fare lo spaccone**、**fare il gradasso** も「傲慢な態度をとる」の意味。

Quando Massimo va alle feste di nuovi amici *fa* sempre *il gallo*, ma così si rende solo ridicolo.

マッシモは新しい友だちのパーティーに行くたびに傲慢な態度をとるけれど、笑い者になるだけだ。

A Dario piace *fare il gallo* con le mie amiche.

ダーリオは私の女友だちに色目を使うのが好きだ。

gallo を使うその他の表現

cantare da gallo：勝ち誇る。直訳は「オンドリのように歌う」。
essere il gallo della Checca：女性にもてる。ドニゼッティの喜劇的オペラ『愛の妙薬』のドゥルカマーラ博士の台詞から。

GAMBERO　エビ

fare come un gambero

後退する

直訳は「エビのようにする」。エビはふだんは前に動くが、危険を察知したときは後ろに動く。camminare come un gambero とも言う。

A scuola *stai facendo come un gambero* : non solo non impari cose nuove, ma ti dimentichi anche quello che già sapevi.

学校では後退しているじゃないか。新しいことを覚えるどころか、覚えていたことすら忘れている。

GATTO　ネコ

avere sette vite come i gatti

生命力が強い

直訳は「ネコのように7つの命がある」。ネコ特有のすばしっこさや怪我の回復力に由来する。avere sette spiriti come i gatti、avere nove vite come i gatti とも言う。

Finora Vittorio ha avuto tantissimi incidenti, ma è rimasto sempre illeso. *Ha sette vite come i gatti* !

ヴィットーリオはこれまでにいろいろな事故に遭ったけれど、いつも無傷で逃れてきた。生命力の強い人だ。

essere come il gatto e la volpe

（ネコとキツネのように）だまし合いばかりしている

カルロ・コッローディ著『ピノッキオの冒険』(1883)の登場人物に由来。(仲が良くて)切り離せないという意味もある。essere come la volpe e il gatto とも言う。

So che Davide e Piero ti hanno chiesto di lavorare per loro, ma io non mi fiderei, perché quei due *sono come il gatto e la volpe*.

ダヴィデとピエーロが一緒に仕事をしないかと聞いてきたらしいけれど、あのふたりはだまし合いばかりしていて、あまり信用ならない。

Tu e Gianni *siete come il gatto e la volpe* : non vi separate mai.

あなたとジャンニはとても仲がいい。切り離せない仲だ。

essere quattro gatti

ほとんど人がいない、少人数である

Alla lezione di ieri *eravamo quattro gatti*.

昨日の授業にはほとんど人がいなかった。

essere [prendersi] una bella gatta da pelare

やっかいな問題・状況を引き寄せる

直訳は「毛をカットできるいいネコである [ネコを見つける]」。ネコの毛をカットする難しさから。essere una rogna、essere una patata bollente も同じ意味。

Ti sei presa una bella gatta da pelare accettando di fare quella traduzione.

あの翻訳を受けるとは、厄介な仕事を引き受けたな。

fare la gatta morta

ネコをかぶる

直訳は「死んだネコのふりをする」。

Milena *è una gatta morta*. Quando la incontro si mostra sempre gentile, ma in mia assenza dice cose terribili su di me.

ミレーナはネコをかぶっている。会うときはいつも優しくしてくれるけれど、私がいないところでひどい悪口を言っている。

gatta ci cova !

裏に何かある

Ho notato che Arianna e Cesare sono sempre insieme. Qui *gatta ci cova* !

アリアンナとチェーサレはいつも一緒にいる。裏に何かあるぞ。

✒ gatto を使うその他の表現

comprare la gatta nel sacco：品定めをせずに買う。直訳は「袋に入ったネコを買う」。
essere (agile come) un gatto：(ネコのように) すばしっこい。
essere un gatto sornione：無関心を装う。直訳は「腹黒いネコである」。
lavarsi come un gatto：(きちんと) 風呂に入らない。直訳は「ネコのように風呂に入る」。

GHIRO ヤマネ

dormire come un ghiro
ぐっすり眠る

直訳は「ヤマネのように眠る」。ヤマネが冬眠に入るように。dormire come un orso、dormire come un sasso、dormire come un ciocco も同じ意味。

Ci credo che non hai sentito suonare il campanello! *Dormivi come un ghiro*.

そりゃあベルが鳴ったのは聞こえなかっただろう。ぐっすり眠っていたからね。

GRANCHIO カニ

prendere un granchio
(油断をして) へまをする、勘違いをする

直訳は「カニを捕まえる」。カニは甲殻類の中でも価値が低いことに由来。pigliare un granchio per gambero (カニとエビを間違える) という古い言い方から派生した表現。prendere un granchio a secco も同じ意味。

Pensavo fosse stata Beatrice a prendere uno dei miei libri dallo scaffale senza dirmi niente, ma *ho preso un granchio*.

棚から私の本を勝手に取ったのはベアトリーチェかと思ったけれど、勘違いだった。

✒ granchio を使うその他の表現

avere il granchio alla borsa [scarsella]：財布の紐が堅い (直訳は「鞄にカニがあ

る」。カニがハサミで財布の紐を引っ張っているかのようなイメージから。

cavare il granchio dalla buca：（人を表舞台に）ひっぱり出す、（無理矢理）説得する。直訳は「穴からカニを捉える」。

GRILLO　コオロギ

avere grilli per la testa
奇妙な考えにとりつかれる、野心満々である

> コオロギが一見飛べそうにない距離を簡単に飛ぶことに由来。**avere la testa piena di grilli**、**avere il capo pieno di grilli**、**avere i grilli in testa** も同じ意味。

A : Ieri ho incontrato Franca e mi ha detto che il mese prossimo andrà in America, perché vuole diventare un'attrice famosa.

B : Attrice?! Franca ha sempre troppi *grilli per la testa*!

> A：昨日フランカに会ったら、来月から女優を目指すためにアメリカに行くらしいよ。
>
> B：女優?! 彼女はいつも野心満々だね。

fare il grillo parlante
しつこく助言や説教をする

> カルロ・コッローディ著『ピノッキオの冒険』（1883）の登場人物に由来。**essere il grillo parlante**、**fare il grillo saggio**、**essere il grillo saggio** も同じ意味。

Il nostro professore dovrebbe limitarsi a spiegare la lezione, invece di *fare* sempre *il grillo parlante*!

> 私たちの先生は授業をすることだけにすればいいのに、いつもしつこく説教する。

indovina Grillo !
さあ、どうだろう！

> コオロギを使う遊びに由来する説、グリッロの物語（ヤブ医者グリッロはポケットにいろいろな処方箋を入れていて、必要なときは都合のいいのが当たるよう indovina Grillo とつぶやいていた）に由来する説がある。

A : La zia ci ha invitato a pranzo domani. Chissà che cosa cucinerà!

B : *Indovina Grillo* !

Ａ：叔母さんが明日の昼食に招待してくれた。何をお料理してくれるかな。

　　　Ｂ：さあ、どうだろう！

✎ grillo を使うその他の表現

andare a sentire cantare i grilli：死ぬ。直訳は「コオロギが鳴くのを聞きに行く」。
墓の上にいるコオロギは鳴くとされていることから。

vispo (e arzillo) come un grillo：元気のよい、快活な。直訳は「コオロギのように
元気」。

───────────────── **LEONE**　ライオン ─────────────────

avere un coraggio da leone
勇敢である

> Tuo fratello *ha avuto un coraggio da leone* ad affrontare il
> delinquente che gli voleva rubare l'orologio!
>
> 　　時計を盗もうとしていた泥棒に立ち向かうなんて、あなたの弟は勇敢だ。

sentirsi un leone
元気いっぱいである

> 　　直訳は「ライオンの気分である」。essere un leone とも言う。

> Sarà perché ieri ho mangiato bene e ho dormito molto, ma
> oggi *mi sento un leone*.
>
> 　　昨日はたくさん食べて良く寝たせいか、今日は元気いっぱいだ。

✎ leone を使うその他の表現

essere nella fossa dei leoni：（絶対絶命の）危機に瀕する（p. 151参照）。

essere [sentirsi] un leone in gabbia：身動きが取れず苦しむ。直訳は「檻に入れ
られたライオンである」。

fare la parte del leone：分け前で得する。直訳は「ライオンの役をする」。イソッ
プ（イソップ寓話207）、ラフォンテーヌ（寓話 I-6）の物語による。

uno, ma leone：小さくとも質的に価値が高いもの。子だくさんを自慢するキツネ
に対し、ライオンが Sì. Uno, ma leone と答えたというイソップ寓話（194）に由来。

essere veloce come una lepre

（ノウサギのように）足が速い

correre veloce come una lepre とも言う。

A : Marisa è già arrivata?! Ma come ha fatto?

B : Lo sai che *è veloce come una lepre*!

A：マリーサはもう着いたの？　どうやって？

B：彼女は足がとても速いからね！

lepre を使うその他の表現

aspettare [attendere] la lepre al balzello：チャンスを待つ。直訳は「ノウサギが飛び跳ねてくるのを待ち構える」。ひと飛び (balzello) するノウサギを待つという狩猟用語に由来。

invitare la lepre a correre：おだてる、(待ちに待った) チャンスを与える。直訳は「ノウサギを走りに誘う」。

pigliare la lepre al carro：(行動が遅くて) チャンスを逃す。

occhio di lince

優れた視力、洞察力

直訳は「ヤマネコの目」。ヤマネコは視力がよく、壁や岩の向こうを透視できると信じられていた。またギリシャ神話におけるリュンケウスの名に由来する説もある。アパレウスの息子でイーダスの兄弟であるリュンケウスは、地球の中心や海の底が見えるほどの透視能力があった。occhi di falco (鷹の目) も同じ意味で用いる。

Sei sicuro di avere letto bene quella scritta laggiù in fondo? Che *occhio di lince*!

本当にあんな遠くにある文字が読めたの？　すごい視力だね！

prendere lucciole per lanterne

（とんでもない）勘違いをする

直訳は「蛍をランタンと間違える」。lucciola（ホタル）と lanterna（ランタン）はどちらも光を放つが、大きさが全く異なることに由来。mostrar lucciole per lanterne とも言う。関連表現の prendere vesciche per lanterne はラテン語に由来。

Guarda che *stai prendendo lucciole per lanterne*！ Non sono stato io a fare il tuo nome alla polizia.

とんでもない勘違いだよ。警察にあなたの名前を出したのは私ではない。

LUMACA カタツムリ

essere una lumaca
のろい

essere un bradipo、essere lento come una lumaca、essere lento come una tartaruga はいずれも同じ意味。

Gianni quando guida la macchina *è una lumaca*.

ジャンニは車を運転するときはすごくのろい。

LUPO オオカミ

avere una fame da lupi
（すごく）空腹である

直訳は「オオカミ並みの空腹である」。da lupi は逆境や困難などに結び付く句。形は似ているが、esserci un tempo da lupi は「天気が悪い」の意味なので注意が必要。

Oggi *ho una fame da lupi*, perché ieri sera non ho cenato.

昨日は夕飯を食べなかったから、今日はすごくお腹が空いている。

in bocca al lupo
幸運を祈るよ、がんばれ

難しい挑戦（例えば試験など）に立ち向かおうとしている人にかけることば。これに対して crepi il lupo と答える。

A：Tua madre mi ha detto che domani hai l'esame di Fisica. Allora *in bocca al lupo*！

B：Crepi il lupo!

A：明日は物理の試験だとあなたのお母さんから聞いたよ。幸運を祈るよ！

B：がんばるよ。

✒ lupo を使うその他の表現

cacciarsi nella tana del lupo：信用できない人に出くわす、逆境に立たされる。直訳は「オオカミの巣に入った」。

essere un lupo in veste di agnello：信用のおけない危険な人である。直訳は「羊の服を着たオオカミである」。偽の預言者について書かれてあるマタイによる福音書（7章15節）に由来。

gridare al lupo：無駄な警告をする。直訳は「オオカミに叫ぶ」。イソップ寓話に由来する。

lupo di mare：腕のいい船乗り。直訳は「海のオオカミ」。

tenere il lupo per gli orecchi：不安定な状況に立つ。直訳は「耳からオオカミをつかむ」。古代ローマですでに使われていた表現。

<hr>

MAIALE ブタ

mangiare come un maiale

（大食いで）行儀の悪い食べ方をする

mangiare come un porco も同じ意味。

La vuoi smettere di *mangiare come un maiale*?! Controllati, almeno davanti agli ospiti!

行儀の悪い食べ方をするのはやめてちょうだい！　せめてお客さんの前では気をつけて。

<hr>

MOSCA ハエ

far(e) saltare la mosca al naso

何度も怒らせる、いらいらさせる

直訳は「ハエを鼻の上に飛ばせる」。far(e) venire la mosca al naso とも言う。

Diletta *ha fatto saltare la mosca al naso* a suo padre con le sue richieste e adesso lui non le vuole più prestare la macchina.

ディレッタは自分の要求で父親を何度も怒らせてしまい、今はもう車を貸してもらえない。

fare di una mosca un elefante

（否定的な面を誇張して）おおげさに言う

Ti prego, *non fare di una mosca un elefante*. Giulio ti ha solo chiesto di andare a cena fuori con lui, mica di sposarti!

頼むから、おおげさに言わないでくれ。ジューリオは君を夕食に誘っただけで、結婚しようなんて言ってないよ。

non fare (del) male a una mosca

（ハエも殺さない）おとなしい人である

ポジティブな意味で用いる。主に不当に悪い人だと思われている人に対して言う。動詞 fare はほとんどの場合、条件法。

Il figlio di Chiara è così buono e tranquillo che *non farebbe male a una mosca*.

キアーラの息子はとても温厚でおとなしい人だ。

non sentire volare una mosca

静まりかえる

直訳は「1 匹のハエすら飛ぶ音がしない」。

Le lezioni della mia professoressa sono così interessanti che quando lei parla *non si sente volare una mosca*.

私の先生の話は興味深く、彼女が話すときは静まり返る。

mosca を使うその他の表現

essere come una mosca nel latte：邪魔である。直訳は「牛乳の中のハエのようだ」。
essere (come) una mosca bianca：（とても）珍しい。直訳は「白いハエのようだ」。
essere il figlio della mosca bianca：実家が有名である。
come (le) mosche：数が多い。パンデミックや戦争による死者数などに対して使う。
pigliar mosche：時間を無駄にする、成功しない。直訳は「ハエを捕まえる」。
rimanere con un pugno di mosche (in mano)：成果がない。直訳は「ハエひと握りだけになる」。特に投資などで失敗したときに用いる。

MULO ラバ

essere testardo come un mulo

（ラバのように）頑固である

Rino *è testardo come un mulo*! Ho cercato di convincerlo a rinunciare a questo viaggio così pericoloso, ma non c'è stato verso.

> リーノはなんて頑固だ。こんな危ない旅はあきらめるように説得したけれど、無駄だった。

OCA ガチョウ

(far) venire la pelle d'oca (a qualcuno)
鳥肌がたつ

> avere la pelle d'oca、avere la pelle di cappone とも言う。

A : Hai visto il film che davano ieri in televisione? Faceva proprio paura!

B : Sì, mi *è venuta la pelle d'oca*.

> A：昨日テレビでやっていた映画、観た？　すごく怖かったね。
>
> B：うん、鳥肌がたった。

✒ oca を使うその他の表現

essere [fare] l'oca giuliva：軽はずみな女性である、笑ってばかりいる。直訳は「陽気なガチョウである」。

ORSO クマ

essere un orso
不愛想である

> Mio zio *è un orso*: non viene mai agli incontri familiari e quando lo fa, non parla con nessuno.

> 私の叔父は不愛想だ。家族の集まりには来ないし、来たとしても誰とも話さない。

✒ orso を使うその他の表現

dormire come un orso：ぐっすり眠る。直訳は「クマのように眠る」。

menar l'orso a Modena：できもしないことをする。直訳は「モデナにクマを送る」。エステ家がモデナ公国に対し、ガルファニャーナの森を使用する代わりに、年に一度、生きたクマ1頭を要求したことに由来。

pelare l'orso：難易度が高いことをする。直訳は「クマの毛をむしる」。
vendere la pelle dell'orso prima di averlo ucciso：手に入れていないものに頼る。
直訳は「殺す前にクマの皮を売る」。

PAPERA　若い雌ガチョウ

prendere una papera
言い間違いをする

> 直訳は「若い雌ガチョウを捕まえる」。

> Quell'annunciatore televisivo è un disastro! *Ha preso* di
> nuovo *una papera*.
>
>> あのアナウンサーはひどい！　また言い間違いをした。

PAPPAGALLO　オウム

imparare a pappagallo
（内容を理解せず）機械的に覚える

> 直訳は「オウムのように覚える」。ripetere a pappagallo、sapere a pappagallo
> とも言う。

> Vedo che anche oggi *hai imparato* la lezione *a pappagallo*. Io
> voglio, invece, che tu capisca il senso di quello che dici!
>
>> 今日も授業を機械的に覚えたみたいだね。それより、自分が言っていることの意
>> 味を理解して欲しいんだ。

🖋 pappagallo を使うその他の表現

fare il pappagallo：（人の言葉や態度、思想などを）真似る。直訳は「オウムをす
る」。頻度は低いが、しつこく女性を口説く男を指すこともある。
stare come un pappagallo impagliato：（働いている人たちの中で）知らんぷり
をする。直訳は「藁で覆われたオウムのようにいる」。

PECORA　ヒツジ

essere la pecora nera
はぐれ者である、やっかいな人である

直訳は「黒いヒツジである」。

Leo *è la pecora nera* della sua famiglia : è un ribelle che non rispetta mai le tradizioni.

> レオは家族の中ではやっかい者である。家族の伝統を守らない反抗的な人だ。

PESCE 魚

essere muto come un pesce

押し黙っている

> 秘密を守るという意味もある。essere muto come una tomba も「秘密を守る」の意味。

Quello studente, che di solito è bravo e preparato, all'esame *è stato muto come un pesce*.

> あの生徒はいつも優等生だが、試験では押し黙っていた。

essere sano come un pesce

健康である

> 魚は病気にならないという言い伝えに由来する。

Mio nonno ha novant'anni ed *è sano come un pesce*.

> 祖父は90歳だけれど、元気ハツラツだ。

essere un pesce fuor d'acqua

（自分に適した環境から離れ）力を発揮できない

> 直訳は「陸に上がった魚である」。日本語の「陸に上がった河童」。sentirsi un pesce fuor d'acqua、come un pesce fuor d'acqua などのバリエーションもある。

In quell'ambiente *sei un pesce fuor d'acqua*! Dovresti cambiare amicizie.

> あなたはあの環境には合わないね。友だちを変えたほうがいい。

non sapere che pesci prendere

（決断する前に）とまどう

> 直訳は「どの魚を捕るかわからない」。non sapere che pesci pigliare も同じ意味。

Di fronte a quella situazione inaspettata, *non sapevo che pesci prendere*.

> あの思いがけない状況を前にして、とまどっていた。

trattare a pesci in faccia
（〜に）乱暴で屈辱的な扱いをする

直訳は「顔に魚を叩くように（〜を）扱う」。

Ieri, il direttore mi *ha trattato a pesci in faccia*. È terribile continuare a lavorare così!

> 昨日は社長にこっぴどく扱われた。このような状況で仕事を続けるのは酷だ!

✒ pesce を使うその他の表現

avere lo sguardo da pesce lesso：不愛想な顔をしている。直訳は「茹でた魚の目つきである」。

buttarsi a pesce：熱意をもって飛びつく。直訳は「魚のように飛び込む」。

essere un pesce grosso [piccolo]：権力や影響力のある人［それほどない人］。犯罪者仲間の隠語に由来。

fare il pesce in barile：わからないふりをする。直訳は「樽の中の魚となる」。

fare un pesce d'aprile (a qualcuno)：（〜に）いたずらをする。直訳は「（〜に）4月の魚をする」。英語の「エープリルフール」。

PICCIONE ハト

---

prendere due piccioni con una fava
一石二鳥

直訳は「ひとつのソラマメで2羽のハトを捕る」。

Con questo nuovo sistema si *prendono due piccioni con una fava*: si produce energia eliminando i rifiuti.

> この新しいシステムは一石二鳥だ。エネルギーを生産しながら排泄物を処理できる。

POLLO ニワトリ

---

conoscere i propri polli
相手をよく知っている、見抜いている

直訳は「自分のニワトリをよく知っている」。

Non lascerei mai i bambini soli in casa. Sono troppo piccoli e inoltre *conosco i miei polli*.

子どもたちを家でひとりには絶対させない。まだ小さいし、彼らのことはよく知っている。

essere un pollo
だまされやすい人である

ニワトリは脳が小さいことから。essere un merlo、essere un tordo も同じ意味。

Sei un pollo! Lo sai che non dovevi fidarti di tuo cugino.

カモにされたな！　従兄は信用ならないって、わかっているでしょう。

fare ridere i polli
（人や行動が）滑稽である

直訳は「ニワトリを笑わせる」。

Ma che vestito ti sei messo oggi?! *Fai ridere i polli*!

今日の服装はどうしたの？　へんてこだよ。

✒ pollo を使うその他の表現

fare come i polli di Renzo：無駄な喧嘩をする。直訳は「レンツォのニワトリのようにする」。マンゾーニ著『いいなづけ 17世紀ミラーノの物語』の主人公レンツォが弁護士を頼る際に持っていく 2 羽のニワトリに由来する。

spennare [pelare] come un pollo：大金を払わせる。直訳は「ニワトリの羽をむしる」。

<hr>

PULCE ノミ

mettere la pulce nell'orecchio
疑惑を抱かせる

直訳は「耳の中にノミを入れる」。中世・ルネッサンス期では、恋焦がれて眠れないことを指していた。avere la pulce nell'orecchio（疑問を抱く）とも言う。

Non avresti dovuto *mettere la pulce nell'orecchio* a mia madre su quella questione.

あのことに関して、あなたは私の母に疑惑を抱かせるべきではなかった。

sembrare un pulcino bagnato

おどおどしている

直訳は「濡れたヒヨコのようである」。生まれたばかりのヒヨコのイメージ
から。essere come un pulcino bagnato とも言う。似ているが、essere come
un pulcino nella steppa は「困難を切り抜けられないでいる」という意味な
ので注意が必要。若者が新しい仕事などで、すぐに問題にぶつかることを
好意的に言う。

Carlo alle feste sta sempre appartato e non parla con nessuno.
Sembra un pulcino bagnato.

カルロはパーティーではいつも孤立して誰とも話さない。おどおどしている。

non cavare un ragno dal buco

（努力をしても）成果を出せない

直訳は「穴から 1 匹のクモも捕まえられない」。

Se a risolvere questo problema non mi aiuti tu, che sei più
esperto di me, *non caverò un ragno dal buco*.

この問題を解決するために、僕より熟練者の君が手伝ってくれなければ、うまく
いかないだろう。

ingoiare [inghiottire] il rospo

意に反して受け入れる

直訳は「ヒキガエルを呑み込む」。ヘビが苦労してカエルなどを呑むイメー
ジに由来する。mandar giù un boccone amaro、far buon viso a cattivo gioco、
mangiare [ingoiare] rospi a colazione も同じ意味。

La relatrice ha fatto cambiare a Mario l'argomento della sua
tesi e lui *ha ingoiato il rospo*, perché vuole laurearsi al più
presto.

指導教授がマリオの論文の課題を変更させたが、彼はできるだけ早く卒業したい
ので、不本意ながら受け入れた。

sputare il rospo

白状する

> 直訳は「ヒキガエルを吐き出す」。sputare l'osso とも言う。

> Allora, ti vuoi decidere a *sputare il rospo*? Chi ha detto al direttore, prima che lo facessi io, che ho intenzione di lasciare il lavoro?

> さっさと白状しなさい。私が伝える前に、私の辞表について社長に話したのは誰？

SANGUISUGA　ヒル

essere una sanguisuga

搾取者である

> essere un parassita、essere una mignatta も同じ意味。しつこい人に対しても用いる。

> Come fai a lavorare alle sue dipendenze?! *È una sanguisuga*.

> 彼の下でよく働けるな。搾取者だ。

SERPE　ヘビ

allevare una serpe in seno

飼い犬に手を噛まれる

> 直訳は「胸の中でヘビを育てる」。男が寒さで弱っているヘビを助けたが、噛まれて死ぬというファイドロスの寓話に由来する（寓話 IV-17）。scaldare una serpe in seno、mettersi una serpe in seno も同じ意味。

> *Hai allevato una serpe in seno*, mettendoti in affari con quell'imbroglione. Come vedi, ti ha truffato.

> あなたはあのペテン師とビジネスをして、裏切られた。結局、だまされたね。

SORCIO　ネズミ

far(e) vedere i sorci verdi

（人を）啞然とさせる

優越感に浸って唖然とさせる。または不愉快なことで人を驚かす。第二次世界大戦時代、スポーツ産業から軍需産業に転向して人々に恐怖心を与えたイタリア航空のロゴ（3匹の緑色のネズミ）に由来。

Ieri mio padre, con tutte le sue richieste, *ha fatto vedere i sorci verdi* all'albergatore.

父は昨日、さまざまな要求を突きつけて、ホテルの経営者を唖然とさせた。

---

avere lo stomaco da struzzo
胃が丈夫である、（屈辱を受けても）無表情でいられる

直訳は「ダチョウ並みの胃をもつ」。avere uno stomaco di ferro とも言う。

Se hai digerito la cena di ieri sera, vuol dire che *hai lo stomaco da struzzo*.

昨日の夕食を消化できたのなら、胃が丈夫だということだ。

fare come lo struzzo
（問題から）目をそらす、（深刻な状況下で）決められないでいる

直訳は「ダチョウのようにする」。ダチョウは危機を感じると頭を土の下に隠すという迷信に由来。nascondere la testa come uno struzzo とも言う。

Se hai un problema con il tuo collega, affrontalo invece di *fare come lo struzzo*.

同僚と問題があるなら、目をそらさずに立ち向かいなさい。

---

essere cieco come una talpa
（モグラのように）目が見えない

A : Dove sono le chiavi?

B : Allora *sei cieco come una talpa*! Ce le hai davanti.

A ：鍵はどこにあるんだ？

B ：見えないのかい。目の前にあるよ。

✒ talpa を使うその他の表現

essere una talpa：スパイである。

TOPO　ネズミ

---

essere un topo di biblioteca
読書が大好きである

> 直訳は「図書館のネズミである」。図書館のネズミは本をかじることから。日本語の「本の虫」。topo d'albergo、topo d'appartamento は「泥棒」という意味なので注意が必要。

> Quel professore *è un topo di biblioteca*. Ci va ogni giorno e ci rimane moltissime ore.
>
> > あの先生は本ばかり読んでいる。図書館に毎日通って何時間もいる。

TORO　雄牛

---

prendere il toro per le corna
困難に敢然と立ち向かう

> 直訳は「角から雄牛を捕まえる」。

> Sara ha deciso di *prendere il toro per le corna*: domani comunicherà a sua madre che lascerà il lavoro.
>
> > サーラは困難に敢然と立ち向かう決心をした。明日は母親に仕事を辞めることを伝える。

tagliare la testa al toro
すみやかに解決する

> 直訳は「雄牛の頭を切り落とす」。壺に頭を突っ込んだ雄牛の飼い主が、壺を割らないように雄牛の頭を切り落としたことに由来。

> Visto che è da due ore che discutiamo senza riuscire a prendere una decisione, *tagliamo la testa al toro* e facciamo come dico io!
>
> > 2時間も話し合っても解決できないままだから、私が言う通りにしてすみやかに解決しよう。

fare l'uccello del malaugurio

不吉な知らせをもたらす、悲観的である

> 鳥の鳴き声は人の死を知らせるという迷信に由来。鳥の鳴き声の占いに由来するという説もある。uccellaccio del malaugurio とも言う。

Finiscila di *fare l'uccello del malaugurio*! È solo un temporale e se stiamo attenti non ci capiterà nulla.

> 不吉なことを言わないで。ただの嵐で、気をつけていれば悪いことは起きない。

Ti prego, *non fare* come sempre *l'uccello del malaugurio* e cerca di essere più ottimista.

> 頼むからいつものように悲観的にならず、楽観的に考えてみてちょうだい。

uccello を使うその他の表現

essere uccel di bosco：(逃亡して) つかまらずにいる、自由である。直訳は「森の鳥である」。

essere l'uccello sulla frasca：変化に対応できる、不安定な状況に立たされる。直訳は「葉陰にいる鳥である」。

insegnare agli uccelli a volare：(自分より知識がある人にも教えられると) うぬぼれる。直訳は「鳥に飛ぶことを教える」。

sembrare un uccello uscito dal nido：ぎこちない。直訳は「巣から出たばかりの鳥のようである」。

vendere l'uccello sulla frasca：(捕まえていない鳥を売るように、仕事や報酬などまだ) 手に入れていないものに頼る。直訳は「葉陰にいる鳥を売る」。

essere il tempo delle vacche grasse [magre]

(暮らしが) 豊かな [貧しい] 時代である

> 直訳は「太った [痩せた] 雌牛の時代である」。旧約聖書の、太った雌牛7頭がやせた雌牛7頭に食べられるというファラオの夢に由来する (創世記41章1-4節)。7頭が7年を意味し、太った雌牛は豊作、やせた雌牛は飢饉のことだとヨセフが解き明かす。

Guarda quanto abbiamo guadagnato oggi! Se continuiamo così, presto per noi *sarà il tempo delle vacche grasse*.

> 今日はこんなに稼いだぞ！ このまま続ければ、我々の暮らしは早く楽になる。

Quest'anno, per la produzione italiana dell'olio d'oliva *è stato il tempo delle vacche magre*, a causa di avverse condizioni climatiche che hanno influito negativamente sul raccolto.

> 悪天候が収穫に影響したため、今年はイタリアのオリーブオイル生産にとっては貧しい時代だった。

✒ vacca を使うその他の表現

stare in un ventre di vacca：(ウシの子が母親の腹の中で何もしなくとも栄養が与えられるように) 安楽な生活を送る。直訳は「雌牛の腹に居る」。

andare [finire] in vacca：悪くなる、不必要になる、失敗に終わる。直訳は「雌牛に終わる」。絹職人が使えなくなった蚕のことを vacca と呼んでいたことから。

<hr>

VERME　ウジムシ

essere un verme

ずるい、卑怯である

Hai raccontato al direttore un sacco di falsità sul mio conto e hai ottenuto la promozione che spettava a me. *Sei un verme*!

> 私について社長にありったけの嘘を言って、私がもらうはずだった昇給をもらったな。卑怯だ！

✒ verme を使うその他の表現

avere il verme solitario：(常に) 空腹である、食べてばかりいる。verme solitario は有鉤条虫を指す。

strisciare come un verme：媚びる。直訳は「ウジムシのように這う」。

<hr>

VIPERA　マムシ

essere una vipera

意地悪である、陰険である

> 聖書に由来する。essere una serpe、essere un serpente も同じ意味。

Sei una vipera! Parli sempre male di tutti.

> なんて陰険な人だ！　あなたはいつも他人の悪口を言ってばかりだ。

adorare il vitello d'oro

金銭に執着している

> 直訳は「黄金の仔牛を崇める」。広義では「裏に危機や罪がありそうな理想を追いかける」という意味。モーセがシナイ山で神から十戒の石板を40日かけて授与してもらう間、見捨てられたと思い込んだイスラエル民族は仔牛の形をした黄金の像を造って拝んだことに由来する(出エジプト記32章)。

Quell'imprenditore è uno che ***adora il vitello d'oro***. Con la sua sproporzionata avidità è diventato miliardario.

> あの起業家は金銭に飢えている。度を超えた欲望のおかげで今は億万長者だ。

✒ vitello を使うその他の表現

uccidere il vitello grasso:派手に祝う。直訳は「太った子牛を殺す」。帰ってきた放蕩息子を歓迎する際に、父親が一番太った子牛を殺して料理したという新約聖書の話に由来する。

essere una vecchia volpe

(経験を積んでいて)悪がしこい、老獪である

> 直訳は「年老いたキツネである」。日本の「古ダヌキ」に近い。**essere una volpe**、**essere furbo come una volpe**、**essere una faina** も同じ意味。「陰険である」という意味もあり、**essere un volpone** とも言う。

Il proprietario di quel negozio ***è una vecchia volpe*** e nessuno riesce a imbrogliarlo.

> あの店の主人は老獪で、誰にもだまされない。

A : Sai con chi si è fidanzato Enzo? Con la figlia del rettore. Secondo me, ne vuole approfittare per fare carriera.

B : Sono d'accordo! ***È un*** vero ***volpone***!

> A:エンツォが婚約したのを知っている? 学長の娘と。キャリアを積みたいからだと思う。
>
> B:そうだろうね。陰険な人だからな。

✒ volpe を使うその他の表現

essere come la volpe e il gatto：p. 20 の **essere come il gatto e la volpe** を参照。

fare come la volpe con l'uva：負け惜しみを言う。直訳は「キツネとブドウのように
する」。ブドウを取れなかったキツネが、まだ熟していないことを理由に諦め
たというイソップ寓話に由来する。

ZIMBELLO おとりの鳥

essero lo zimbello

笑い者にされる

直訳は「おとりの鳥である」。おとりになる鳥は、皮肉にも仲間を捕まえる
ためにおとりにされることから。

**Se non la smetti di dire delle cose così strambe, finirai per
essere lo zimbello di tutti.**

変なことを言うのをやめないと、みんなの笑い者にされるぞ。

動物の体の部位の単語を使う表現

BECCO くちばし

tenere il becco chiuso
秘密を守る

> 直訳は「くちばしを閉じておく」。tenera la bocca chiusa も同じ意味。
>
> Ti ho detto quando partirò, ma tu *tieni il becco chiuso*. Non voglio che si sappia in giro.
>
>> いつ出発するか言ったけれど、秘密にしておいて。周りには知られたくないの。

✒ becco を使うその他の表現

mettere il becco in qualcosa：首を突っ込む。直訳は「何かにくちばしを突っ込む」。

CODA 尻尾

andarsene con la coda fra le gambe
（おじけづいて）逃げる

> 広義で「敗北する」。イヌなどが尻尾を巻くことから。tornarsene con la coda tra le gambe とも言う。
>
> Dopo avere perso l'ennesima scommessa, l'uomo *se ne andò con la coda fra le gambe*.
>
>> 何回も賭けに負け、男はおじけづいて逃げて行った。

fare la coda
列に並ぶ

> Ieri, *abbiamo fatto la coda* per più di un'ora davanti a quel ristorante, ma alla fine abbiamo mangiato benissimo.
>
>> 昨日は1時間以上もあのレストランの前で並んだけど、納得のいく食事ができた。

guardare con la coda dell'occhio
横目でこっそり見る

直訳は「目の尻尾で見る」。

Quando è passato Ettore, Francesca, che ha una cotta* per lui ma non vuole che si sappia, l'*ha guardato con la coda dell'occhio*.

エットレが通ったとき、彼に恋していることを知られたくないフランチェスカは、横目でこっそり彼を見た。

*avere una cotta (per qualcuno) = 〜に恋している

✒ coda を使うその他の表現

avere la coda di paglia：(人には隠しているやましいことで) うしろめたい。直訳は「わらの尻尾をもつ」。

CORNA　角 (つの)

fare (le) corna
(夫・妻を) 裏切る、(人差し指と小指を立て) 魔除けのジェスチャーをする

fare le corna a qualcuno は「〜に対して不倫をする」。mettere le corna も同じ意味。fare corna (冠詞なし) は古代ローマ人がお守りとして人差し指と小指に指輪をしていたことに由来。

Gino continua a *fare le corna* a sua moglie.

ジーノは奥さんを裏切り続けている。

Si sta avvicinando un violento tifone. *Facciamo corna* e speriamo che non succeda niente!

強い台風が近づいている。魔除けのジェスチャーをして、何も起こらないことを祈ろう。

✒ corna を使うその他の表現

rompersi le corna：敗北する。直訳は「自分の角を壊す」。

CRESTA　鶏冠 (とさか)

essere sulla cresta dell'onda
(大) 成功している、絶賛を博する

直訳は「波の鶏冠に乗る」。

Quel calciatore continua a far vincere la sua squadra ed è amatissimo dai suoi tifosi. *È sulla cresta dell'onda*!

> あのサッカー選手はチームを勝利させ続け、ファンからすごく愛されている。絶賛を博している。

abbassare la cresta

謙虚になる

> 直訳は「鶏冠を下げる」。鳥のオスは、メスの注意を引くためにとさかを立たせ、成就するともとの形に戻すことから。abbassare le ali、calare le ali も同じ意味。反対表現には alzare la cresta、drizzare la cresta、tirar su la cresta が挙げられる。

Tuo fratello si sente sempre speciale e più importante di tutti. Gli conviene *abbassare la cresta*!

> あなたの兄はいつも自分は他人より特別で大切だと思っている。うぬぼれるのをやめたほうがいい。

✒ cresta を使うその他の表現

fare la cresta (sulla spesa)：元値より高額をとる、盗む。直訳は「買い物に鶏冠をする」。

FAUCI （動物の）口

cadere nelle fauci (di qualcuno)

（〜の）支配下に置かれる

> 直訳は「〜の口の中に陥る」。

Stipulando un contratto così iniquo, *siamo caduti nelle fauci* del nostro cliente.

> こんな不公平な契約を結ぶことで、クライアントの言いなりになってしまった。

MUSO （動物の）鼻面、顔

tenere il muso

不機嫌な顔つきをする

avere il muso (lungo)、fare il muso (lungo) などのバリエーションもある。

Dopo il commento che ho fatto al suo vestito, Marta mi *ha tenuto il muso* tutta la sera.

> マルタの服装について感想を言ったら、一晩中不機嫌な顔つきをしていた。

🖊 muso を使うその他の表現

a muso duro：断固として。直訳は「顔をこわばらせて」。

metterci lo zampino

（何かに陰で）介入して跡を残す

> ネガティブな結果に結びつけられる。esserci lo zampino (di qualcuno)、vederci lo zampino (di qualcuno) も似た意味。

Qualcuno *ci ha messo lo zampino*. Adesso sono io che devo risolvere la situazione.

> 誰かが陰で介入した。そのせいで状況を解決しなければいけないのは、この私だ。

🖊 zampa、zampino を使うその他の表現

allungare le zampe：（女性などに）手を出す。直訳は「足を延ばす」。
lo zampino del Diavolo：（後の流れに悪く影響するような誰かの）介入や邪魔、突然の出来事。直訳は「悪魔の足」。**se il Diavolo ci mette lo zampino** などのバリエーションもある。

zoccolo duro

（かたい）基盤、大柱

> 直訳は「かたい蹄」。

Quel politico, insieme ai suoi collaboratori più fedeli, è lo *zoccolo duro* del suo partito.

> あの政治家は、一番信頼できる協力者を含めて、党派の大柱である。

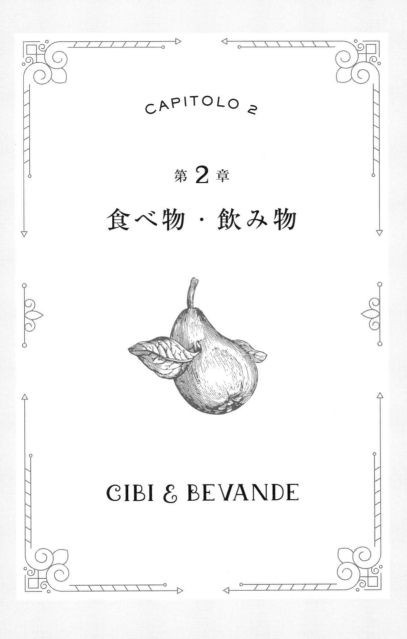

CAPITOLO 2

第 2 章

食べ物・飲み物

CIBI & BEVANDE

食べ物・飲み物の単語を使う表現

BACCALÀ （塩漬けの）タラ

restare come un baccalà
ぽかんとする

> 直訳は「(塩漬けの) タラのように固まる」。塩漬けのタラは乾燥後は固くなることから。

> **Non restare lì come un baccalà**. Vieni ad aiutarmi!

> ぽかんとしていないで手伝いに来てちょうだい！

✎ baccalà を使うその他の表現

essere un baccalà：愚かである、まぬけである。
fare la figura del baccalà：まぬけな姿を見せてしまう。直訳は「(塩漬けの) タラの姿をする」。

BIRRA ビール

a tutta birra
全速力で

> 同じ意味を表すフランス語 à toute bride (手綱なしで) の語呂合わせだとされる。主にエンジン付きの乗り物に対して用いる。

> Oggi ho visto Greta che partiva **a tutta birra** con il suo motorino. Chissà dove andava!

> 今日グレータが原付バイクで全速力で出発したのを見た。どこへ行ったんだろう。

BRODO ブイヨン

andare in brodo di giuggiole
有頂天になる、大喜びする

> giuggiola は古代ローマ人が煎じ薬を作るために使っていたナツメの実。煎じ薬のように溶け出すような喜びという意味。andare in brodo とも言う。

> Ogni volta che la padrona lo accarezza, quel cane **va in brodo di giuggiole**.

> 飼い主がなでるたびに、あのイヌは大喜びする。

lasciar(e) cuocere (qualcuno) nel proprio brodo

（心配するのをやめて〜を）放っておく

> 直訳は「〜をスープの中で煮込んでおく」。lasciare bollire qualcuno nel proprio brodo、lasciare qualcuno nel proprio brodo も同じ意味。

> Io le avevo consigliato di non comprare quella casa così lontana dal centro, ma lei non mi ha ascoltato e adesso si lamenta. Non mi resta che *lasciar*la *cuocere nel suo brodo*.

> 中心街からあれほど離れた家は買わないほうがいいと言ったのに、彼女は聞かずに今は文句を言っている。もう放っておくしかない。

CACIO　チーズ

arrivare [essere] come il cacio sui maccheroni

（ちょうど）いいタイミングで来る

> 直訳は「マカロニの上のチーズのように来る」。パスタにチーズをかけるタイミングは食べる前であることから。

> Proprio adesso che ho bisogno di un passaggio, è arrivato Michele con la sua macchina. *È come il cacio sui maccheroni*!

> 車に乗せてもらう必要がある今、ミケーレが自動車で現れた。ちょうどいいタイミングだ！

CARCIOFO　アーティチョーク

essere un carciofo

だまされやすい人である、愚かである

> *Sei stato un carciofo* a credere alle bugie di Tommaso.

> トッマーソの嘘を信じるなんて、だまされやすいんだな。

CARNE　肉

essere (bene) in carne

肉づきがよい、太っている

> star(e) bene in carne も同じ意味。

> Dopo quella delusione d'amore Bernardo era dimagrito

molto, ma adesso è di nuovo *ben in carne*.

> あの失恋のあとベルナルドはかなりやせたけれど、今はまた肉づきがよくなった。

mettere troppa carne al fuoco

（一度に）多くのことをやり過ぎる

> 直訳は「多すぎる肉を火にかける」。一度に大量の肉を火にかけると、焦げたり火が通らなかったりすることから。avere troppa carne al fuoco、mettere molta carne al fuoco も同じ意味。

Ma quanti lavori hai accettato?! *Hai messo troppa carne al fuoco*!

> いくつの仕事を受けたの？　一度に多くのことをやり過ぎだよ。

non essere né carne né pesce

特色がない、煮え切らない態度である

> non essere né cotto né crudo も同じ意味 (p. 76 参照)。

Questo attrezzo *non è né carne né pesce*: non so bene come usarlo.

> この道具は特色がない。どう使ったらいいのか、いまひとつわからない。

✎ carne を使うその他の表現

in carne e ossa：本人が直接。直訳は「肉と骨での」。

CAROTA ニンジン

usare il bastone e la carota

飴と鞭を使う

> 直訳は「棒とニンジンを使う」。昔、家畜のロバなどに言うことを聞かせるために使用していたことから。

Il nostro direttore è noto per *usare il bastone e la carota* con noi dipendenti.

> 社長は私たち従業員を飴と鞭で使うことで知られている。

carota を使うその他の表現

pel di carota：(軽蔑的な意味で) 赤毛。直訳は「人参の毛」。

piantar(e) carote：でたらめを言う。直訳は「人参を植える」。

<hr>

CASTAGNA 栗

prendere (qualcuno) in castagna

（〜の）過ちの現場に遭遇する

cogliere in marrone に由来。marrone（誤り、間違い、過ち）は「栗」も意味する同音異義語。

Ho preso in castagna Giorgino mentre prendeva dal frigorifero il gelato che non può mangiare perché gli fa male alla pancia.

ジョルジーノが、お腹が痛くなるから食べてはいけないアイスクリームを探しているところに出くわした。

togliere le castagne dal fuoco

（〜のために）危険をおかす

直訳は「火中の栗を拾う」。もとの表現は **cavare le castagne dal fuoco con la zampa del gatto**。ラ・フォンテーヌの『寓話』(IX-17) で、サルが自分が食べたい栗を炭火の中から取り出すようネコをおだてたことに由来。**cavare le castagne dal fuoco**、**levare le castagne dal fuoco** も同じ意味。

Anche questa volta *ho dovuto togliere le castagne dal fuoco* per rimediare a quello che hai combinato. La prossima volta arrangiati!

あなたがやらかしたことの埋め合わせをするため、今回も危険をおかすはめになった。次はひとりでどうにかしなさいよ！

<hr>

CAVOLO キャベツ

non capire un cavolo

さっぱりわからない

直訳は「キャベツもわからない」。キャベツは価値の低い野菜とされていることから。

Non ho capito un cavolo di quello che hai detto. Devi spiegarti meglio!

あなたの言ったことがさっぱりわからないよ。きちんと説明して。

starci come il cavolo a merenda

（話している内容と全く）関連性がない、的はずれである

直訳は「おやつにキャベツのように合わない」。entrarci come i cavoli a merenda も同じ意味。

Le tue argomentazioni alla questione *ci stanno come il cavolo a merenda*.

問題に関するあなたの論証は、全く的はずれだ。

✒ cavolo を使うその他の表現

andare a piantar cavoli：公の生活から引退する。直訳は「キャベツを植えに行く」。ローマ帝国のディオクレティアヌスは引退後、キャベツなどの家庭菜園をしながら余生を送ったことから。

...del cavolo：（侮辱的に）意味のない、価値がない。

farsi i cavoli propri：（他人のことを気にせず）自分のことだけをする。直訳は「自分のキャベツをする」。

| **CILIEGIA, CILIEGINA** サクランボ |

essere la ciliegina sulla torta

喜ばしい、（皮肉的に）嬉しくない

日本語の「花を添える」に近い。ケーキに最後に添えるサクランボのように、華やかで喜ばしいこと。または皮肉的に嬉しくないこと。

Non solo è una festa noiosa, ma è anche arrivato quell'antipatico di Alberto. È proprio *la ciliegina sulla torta*.

つまらないパーティーな上に、あの不愉快なアルベルトが来た。全くもっておもしろくない。

una ciliegia tira l'altra

次々と現れる

Non appena ho finito di scrivere il mio primo libro, mi hanno offerto di pubblicarne un altro. È il caso di dire *una ciliegia*

tira l'altra!

1冊目の本を書き終わったところで次の出版依頼があった。立て続けにきた！

andare a fagiolo

ぴったり合う

> Questa giacca ti *va a fagiolo*.
>
> このジャケットはあなたにぴったりだ。

capitare a fagiolo

時宜にかなっている

> フィレンツェ人はインゲンマメをよく食べることから。またはソラマメのように投票に使われていたことからだとされるが、はっきりとした由来は不明。cascare a fagiolo、venire a fagiolo も同じ意味。
>
> ***Sei capitato a fagiolo***. Mi aiuti a portare questi pacchi?
>
> ちょうどいいときに来たね。この箱を運ぶのを手伝ってくれる？

non essere farina del proprio sacco

他人の受け売りである

> 直訳は「自分の袋の小麦粉でない」。話、考え、作品などに対して使う。
>
> Siamo sicuri che questo progetto *sia farina del tuo sacco*？ È troppo bello!
>
> この設計は本当にあなたのものなの？　良すぎる！

non valere un fico secco

（全く）価値がない

> 直訳は「乾燥イチジクの価値すらない」。乾燥イチジクは価値のない食べ物とされていることから。

Lo sanno tutti che quello specialista nel suo campo *non vale un fico secco*. Meglio cercarne un altro.

> あの専門家は何の値打ちもないと、業界ではみんな知っている。他を当たったほうがいい。

fare le nozze con i fichi secchi
（皮肉的に）元手をかけずにする、不適切なやり方で

> 直訳は「乾燥イチジクと結婚式を挙げる」。結婚式はお金をかけるものであるのに対し、イチジクはほとんど価値がないとされることから。

Questo viaggio l'hai organizzato proprio male. *Hai fatto le nozze con i fichi secchi*!

> あなたはこの旅行の計画を雑に立てたね。元手をかけていない。

non importare un fico secco (a qualcuno)
どうでもいい

> *Non* me *ne importa un fico secco* di quello che fai tu quando sei fuori di qui, ma a casa mia devi seguire le mie regole!

> 外にいるときは何をしようと構わないが、私の家では私のルールに従ってくれ。

🖊 fico を使うその他の表現

cogliere i fichi in vetta：（意味なく）馬鹿げた真似をする。イチジクの木の枝は弱く、木に登ろうとすると枝が折れやすいことから。
essere fico：実力がある、容姿がいい。若者ことば。
essere il più bel fico del paniere [dell'orto]：うぬぼれる。直訳は「籠 [畑] にある最もいいイチジクである」。自分は美しいと思っている人に対して言う。

FRITTATA オムレツ

fare una frittata
取り返しがつかないことをする

> 直訳は「オムレツをつくる」。卵を割るともとには戻せないことから。**fare la frittata** も同じ意味。

Hai fatto una frittata chiedendo a mia madre la data del mio trasloco. Non l'avevo ancora avvertita della mia scelta di andare a vivere da sola.

> 母に引越のことを言うなんて、取り返しのつかないことしてくれたね。ひとり暮らしをすることはまだ話していなかったんだ。

rigirare la frittata
（本当のことを隠して）前言をひるがえす

> rivoltare la frittata も同じ意味。

> Lo so che *stai rigirando la frittata*! Non sei venuto al cinema con noi perché la mia amica ti fa antipatia e non perché eri stanco.

> 言ってることが違うじゃない。映画館に来なかったのは疲れていたからではなく、私の友達が嫌いだからでしょう。

✐ frittata を使うその他の表現

> ormai la frittata è fatta：《諺》あと戻りはできない。直訳は「オムレツはすでにできている」。失敗に対してあきらめを示す表現。

FRUTTA, FRUTTO 果物・果実

essere alla frutta
疲れきっている

> 直訳は「フルーツまで来た」。何らかの最終段階へ来たことも指す。昼食や夕食の最後に果物を食べるイタリアの習慣に由来すると思われる。arrivare alla frutta は「すでに事が終わってから到着する」。または責任から逃れるためわざと遅刻すること。

> Oggi, ho studiato tutto il giorno ininterrottamente per l'esame di domani e adesso *sono alla frutta*!

> 今日は明日の試験のために一日中勉強し続けたからヘトヘトだ。

dare buoni frutti
成果を出す

> 直訳は「いい果物を出す」。dare cattivi frutti は反対の意味。

> L'assiduità con cui ho studiato l'inglese *ha dato buoni frutti*: adesso riesco a comunicare con i miei amici americani.

まじめに英語を勉強した成果が出た。今ではアメリカ人の友達とコミュニケーションがとれるようになった。

mettere a frutto (qualcosa)

（〜を）活かす

Adesso che hai iniziato a lavorare, dovresti *mettere a frutto* tutto quello che hai imparato all'università.

就職した今、大学で勉強したことをすべて活かすべきだ。

✒ frutta、frutto を使うその他の表現

cogliere il frutto quando è maturo：チャンスを待って行動する。直訳は「熟したところで果実を摘む」。

il frutto proibito：禁止されている。直訳は「禁断の果実」。旧約聖書の創世記をもとにしている。

senza frutto：成果がない。

FUNGO キノコ

spuntare come i funghi

次々と現れる（雨後の筍）

venire su come i funghi、crescere come i funghi も同じ意味。

Di questi tempi, in Italia i ristoranti giapponesi *spuntano come i funghi*.

近頃イタリアでは、日本食レストランが次々と開店している。

✒ fungo を使うその他の表現

andare a cercar(e) funghi：服を裏返しに着る。直訳は「キノコを探しに行く」。服を裏返して着ると、キノコ探しの際に運が上がるとされることから。

LATTE 牛乳

essere latte e miele (con qualcuno)

（〜の機嫌をとるように）優しくする、思いやる

直訳は「（〜と）牛乳とハチミツである」。ハチミツを入れた牛乳は甘くて鎮静効果があることから。

Irene *è stata* tutta la sera *latte e miele* con Giulia. Secondo me, voleva essere perdonata perché ieri le ha ammaccato la macchina.

> イレーネは一晩中ジュリアに優しくしていた。昨日、彼女の車に傷をつけてしまったからではないかと思う。

far venire il latte alle ginocchia (a qualcuno)

（〜を）困らせる、うんざりさせる

> 直訳は「膝に牛乳を来させる」。甘ったるくてわざとらしいことばかり言う人に対しても使う。

Con i suoi racconti mi *ha fatto venire il latte alle ginocchia*. Ma perché non hai portato un amico più interessante alla festa?!

> 彼の話にはうんざりしたよ。どうしてもっとおもしろい友達を連れてこなかったの？

piangere sul latte versato

（すんでしまったことを）悔いる

> 直訳は「こぼしてしまった牛乳に泣く」。

È inutile *piangere sul latte versato*! Ormai la multa per eccesso di velocità te l'hanno fatta. La prossima volta vai più piano.

> すんでしまったことを悔いるのは無駄だ。スピード違反の罰金はもう科された。次からはもっとゆっくり走ることだ。

✒ latte を使うその他の表現

cavare il latte dal toro：手に入らぬものを手に入れようとする。直訳は「雄牛から牛乳をとる」。

essere come il latte di gallina：珍しい。直訳は「ニワトリの牛乳のようである」。

LENTICCHIA レンズマメ

vendere (qualcosa) per un piatto di lenticchie

（〜を）それ以下の価値で売る

> 旧約聖書（創世記25章29-34節）に登場するエサウが、空腹のあまり、レンズマメの煮物の代わりに長子を売り出してしまうことから。

Hai venduto la tua macchina *per un piatto di lenticchie*!

Peccato, perché valeva di più.

あなたの自動車をそれ以下の価値で売ったの！　もっと価値があったのに残念だ。

LIMONE レモン

spremere come un limone (qualcuno)
（〜を）こき使う

> 直訳は「レモンのように絞る」。
>
> Mi *avete spremuto come un limone* e adesso volete licenziarmi?!
>
> 私をこき使ってきた上に、解雇すると言うのか？

MINESTRA, MINESTRONE スープ

essere la solita minestra
（いつものスープのように）ありきたりである

> がっかりしたときに用いることが多い。essere sempre la stessa minestra も同じ意味。
>
> Questo film *è la solita minestra*：ha la stessa trama di molti altri film.
>
> この映画はありきたりだ。他と似たようなストーリーだ。

fare un minestrone
（考え、意見、概念などをごちゃ混ぜにして）混乱させる

> Guarda che con le tue teorie sconnesse *stai facendo un minestrone*！
>
> あなたの結びつきのない理論は混沌としている！

minestra riscaldata
二番煎じ

> 直訳は「温め直したスープ」。ネガティヴな意味で話や出来事などに使われる。
>
> Non sono disposta a uscire con l'ex ragazzo di Mara! Non mi

piace la *minestra riscaldata*.

マーラの元恋人とデートする気なんてないわ！　二番煎じは嫌よ。

✒ minestra を使うその他の表現

essere tutta un'altra minestra：（他と特徴などが）全く異なる。直訳は「全く違うスープである」。

trovare la minestra bell'e pronta：（他人がすでに困難を取り除いた問題を）苦労せず解決する。直訳は「でき上がりのスープを見つける」。

NÒCCIOLO　果物などの芯

il nòcciolo della questione
問題の核心

venire 動詞を使うと「本題に入る」という意味になる。

È un'ora che parli, ma ancora non capisco qual è *il nòcciolo della questione*!

1時間も話しているけれど、問題の核心が何なのかまだわからないよ！

NOCCIOLINE　ヘーゼルナッツ（ハシバミの実）

non essere mica noccioline
少額ではない

直訳は「ヘーゼルナッツなんかではない」。昔、子どもの遊びではヘーゼルナッツや瓶のふたなどがお金替わりであったことから。

Le spese che ho dovuto affrontare per la ristrutturazione della casa *non sono mica noccioline*!

家の改修に負担した費用は決して小さな額ではなかったぞ！

NOCE　クルミ

essere quattro noci in un sacco
（大きな場所に対して）少人数である

直訳は「1袋に4つのクルミがある」。

Ieri, in quel grande cinema *eravamo quattro noci in un sacco*.

Non c'era nessun altro.

昨日はあの広い映画館には私たちしかいなかった。他に誰もいなかった。

gettare olio sul fuoco

火に油を注ぐ

Per favore, *non gettare olio sul fuoco* dicendo a Dino che deve trattare meglio sua moglie. Lei ha già deciso di lasciarlo.

お願いだから、ディーノに奥さんを大切にするべきだとか、火に油を注ぐようなことは言わないでちょうだい。彼女はもう彼と別れると決心したのよ。

olio di gomito

活力、根気

直訳は「肘の油」。特に掃除など、腕を使う作業に対して言う。

Ci vorrà *olio di gomito* per ripulire a fondo la casa di Gino. È così disordinato!

ジーノの家を隅から隅まで掃除するには根気が要る。こんなにだらしないもの！

✐ olio を使うその他の表現

essere all'Olio Santo：臨終を迎える。直訳は「聖なる油まで来た」。
essere come l'olio per il lume：特効薬である、（人や状況などの）活力をよみがえらせる。直訳は「灯りの油のようである」。
gettare olio sulle onde：争いごとを鎮めようとする。直訳は「波に油を投げる」。
昔の漁師たちは、嵐のとき、海に油を流すことで船への波の衝撃を軽減していたことから。

essere una pasta d'uomo

（とても）優しい男性である

Il compagno di Valeria *è una pasta d'uomo*：sempre gentile con tutti.

ヴァレーリアのパートナーはとても優しい男性だ。いつも誰にでも優しい。

essere della stessa pasta (di qualcuno)

(〜と) 性格がそっくりである

> Antonio *è della stessa pasta* di suo padre : non ha paura di niente!
>
> アントーニオは父親と性格がそっくりだ。怖いもの知らずだ。

✎ pasta を使うその他の表現

essere di buona pasta：誠実である、心が広い。直訳は「よいパン生地でできている」。

essere di pasta frolla：体力が弱い。直訳は「パイ生地でできている」。

essere di tutt'altra pasta：性格が全く異なる。直訳は「全く別のパン生地である」。上記の **essere della stessa pasta (di qualcuno)** の反対の意味。

PANE パン

dire pane al pane e vino al vino

率直に言う

> 直訳は「パンにはパンと、ワインにはワインと言う」。dire pane al pane も同じ意味。

> Ieri, alla riunione di redazione *ho detto pane al pane e vino al vino*. Sono stata sincera, ma non è piaciuto a tutti.
>
> 昨日は編集部の会議で率直に発言した。正直に話したけれど、快く思わない人もいたようだ。

essere pane e cacio (con qualcuno)

(〜と) 意気投合する

> 直訳は「(〜と) パンとチーズである」。イタリア南部やトスカーナ地方で formaggio (チーズ) のことを cacio と言う。パンとチーズはとても合うことから。

> Filippo *è pane e cacio* con il suo amico Carlo da quando giocano insieme a calcetto.
>
> フィリッポと友達のカルロはサッカーで遊ぶようになってからは大の仲良しだ。

essere un pezzo di pane

穏やかで善良である

人、または動物に対して使う。essere di buona pasta、essere una pasta d'uomo、essere di buon cuore、avere un buon cuore も同じ意味。

> Mia cugina *è un pezzo di pane*: è sempre gentile sia con le persone sia con gli animali.
>
> 私の従妹は穏やかで善良だ。人に対しても、動物に対しても優しい。

mangiare pane a tradimento
稼がずに暮らす

> 他人を働かせ、感謝の気持ちなく暮らすこと。派生表現 mangiapane a tradimento もよく使う。

> Fino a quando vuoi *mangiare pane a tradimento* vivendo con i tuoi genitori?! Ormai hai trent'anni!
>
> いつまで実家に住んで稼がずに暮らす気なの？ もう30歳でしょう。

rendere pan per focaccia
（〜に）仕返しをする

> 直訳は「フォカッチャに対してパンを返す」。「お返しする」という意味に「復讐」があとから加わった表現。

> Lui le ha fatto uno sgarbo, ma lei gli *ha reso pan per focaccia*.
>
> 彼は無礼なことをしたけれど、彼女は仕返しをした。

togliersi il pane di bocca
（〜のために）犠牲を払う

> 直訳は「パンを自分の口から取る」。特に金銭的な犠牲を払うこと。levarsi il pane di bocca も同じ意味。

> Che padre esemplare! *Si toglie il pane di bocca* per i suoi figli.
>
> 彼は手本となる父親だ。子のために犠牲を払っている。

(non) trovare pane per i propri denti
自分の能力にふさわしい、手ごわい相手に出会う

> 直訳は「自分の歯のためにパンを見つける」。否定形 non trovare [essere] pane per i propri denti（歯が立たない）でも用いる。trovare carne per i propri denti も同じ意味。

Il tuo avversario nella prossima gara è molto forte. *Hai trovato pane per i tuoi denti*!

次のレースの相手はとても強い。手ごわい相手だぞ！

Ti piace Silvia?! Guarda che *non è pane per i tuoi denti*: è troppo bella ed è anche molto intelligente!

シルヴィアのことが好きなの？　君には歯が立たない女性だよ。きれいすぎる上に、とても頭がいい。

vendere come il pane
（パンのように）飛ぶように売れる

andare come il pane、andare via come il pane、andare a ruba も同じ意味。

Quel videogioco è così divertente che *si vende come il pane*.

あのゲームはおもしろすぎるので、飛ぶように売れる。

✒ pane を使うその他の表現

a pane e acqua：最低の食生活。金遣いの荒い子どものせいで親が送ることになる生活に対して皮肉的に用いる。
mangiare pane e cipolle：貧しい。直訳は「パンとタマネギを食べる」。
per un tozzo di pane：ただ同然の値段で。直訳は「パンひとかけらのために」。高価なものを売りに出さなければならない場合などに用いる。

PAPPA　離乳食

essere pappa e ciccia
親密である

ネガティブな意味で使われることが多い。幼児ことばに由来する。

Quei due politici erano acerrimi avversari e adesso *sono pappa e ciccia*.

あのふたりの政治家は強く対立していたのに、今は結託している。

pappa molle
いくじなし、弱い人

直訳は「柔らかい離乳食」。

Sei una ***pappa molle***! Sbrigati a portare qui quei bagagli!

このいくじなし！　急いであの荷物をここに運びなさい！

🖋 pappa を使うその他の表現

mangiare la pappa in capo (a qualcuno)：(〜より) うわてである。直訳は「(〜の) 頭の上で離乳食を食べる」。
scodellare la pappa (a qualcuno)：(〜の) 丁寧な世話をする。直訳は「(〜に) 離乳食を皿につぐ」。
trovare la pappa pronta：**trovare la minestra bell'e pronta** (p.59参照) と同じ。

(p.59参照)

━━━━━━━━━━ **PATATA**　ジャガイモ ━━━━━━━━━━

essere un sacco di patate

まぬけである、動きが鈍い

直訳は「ジャガイモ袋である」。ボコボコした体系や服装のことも言う。

Sei un sacco di patate：inciampi a ogni passo che fai.

まぬけな人ね。一歩進むごとにつまずいている。

essere una patata bollente

(問題、仕事、状況などが) やっかいである

直訳は「熱々のジャガイモである」。熱々のジャガイモを手にすると火傷をしてしまうことから。**passare la patata bollente** (やっかいな仕事を他人に回す) とも言う。

Questo lavoro ***è una patata bollente***：il capo l'ha affidato a me perché lui non sapeva come gestirlo.

この仕事はやっかいだな。上司はどうしたらいいかわからなかったから、私に託したのだろう。

🖋 patata を使うその他の表現

avere le patate in bocca：何を言っているかわからない話し方をする。直訳は「口の中にジャガイモがある」。
avere uno spirito di patata：ユーモアがない。直訳は「ジャガイモの魂をもつ」。
essere una patata：お人好しである、鈍感である。

farsi [diventare] rosso come un peperone
顔が赤くなる

> 直訳は「ピーマンのように赤くなる」。diventare rosso come un gambero も
> 同じ意味。

> **Quando Ginevra l'ha guardato, Angelo *è diventato rosso come un peperone*.**
>> ジネーヴラに見られ、アンジェロは顔を赤らめた。

a pera
非論理的な

> ナシは不定形であることから discorso a pera、ragionamento a pera などと
> 言う。

> **A volte fai dei ragionamenti *a pera* e così nessuno ti prende mai sul serio.**
>> あなたは非論理的な考察をすることがあるけれど、それでは誰も真剣に聞いてく
>> れないよ。

cadere come una pera cotta
転倒する、寝落ちする、（突然）恋に落ちる

> 直訳は「焼きナシのように落ちる」。cadere come una pera matura も同じ意味。

> **Mentre faceva una passeggiata con il suo cane, Rita è inciampata ed *è caduta come una pera cotta*.**
>> 愛犬と散歩をしているとき、リータはつまずいて転倒した。

cascarci come una pera cotta
（人の話を）鵜呑みにする

> cascarci come una pera も同じ意味。

> **Quando Vincenzo mi ha detto che aveva vinto alla lotteria, *ci***

sono cascata come una pera cotta, ma era uno scherzo.

> ヴィンチェンツォが宝くじに当選したと言ったとき、私は鵜呑みにしてしまった
> けれど、冗談だった。

━━━━━━━━━━ **PIZZA**　ピザ ━━━━━━━━━━

essere una [che] pizza
(〜が) つまらない

> 人にもモノにも使う。

> Questo film *è una pizza*! È noiosissimo.

> この映画はつまらない！　すごく退屈だ。

━━━━━━━━━━ **PREZZEMOLO**　パセリ ━━━━━━━━━━

essere come il prezzemolo
(〜が) どこに行ってもいる [ある]

> パセリはさまざまなイタリア料理に使われることから。

> Te l'avevo detto che anche Gina sarebbe venuta
> all'inaugurazione del nuovo locale. Lei *è come il prezzemolo*.

> ジーナも新しいお店の開店祝いに来るだろうって言ったでしょ。彼女はどこに
> 行ってもいるんだ。

━━━━━━━━━━ **RAPA**　カブ ━━━━━━━━━━

cavar sangue da una rapa
不可能である

> 直訳は「カブから血を抜く」。カブから血を抜くことは不可能であること
> から。またカブは価値が低いとされていた野菜であるため、才能がない
> 者には期待しないほうがいいという意味もある。同じ意味でラテン語の
> chiedere acqua alla pietra pomice (軽石に水を求める) はプラウトゥス (「ペ
> ルシア人」14) も使っており、スペイン語にはそのまま表現が残っている。
> イタリア語では cavar sangue da una pietra とも言う。

> Rassegnati a perdere questa partita. Con avversari così forti è

come *cavar sangue da una rapa*.

> この試合の勝負をあきらめるんだ。あんなに強い相手には勝てっこない。

essere una testa di rapa

理解力がない

> 直訳は「カブ頭である」。
>
> *Sei una testa di rapa*! Vuoi stare attento a quello che dico senza farmelo ripetere dieci volte?!
>
> > わからない人ね！ 何回も同じことを言わせないで、気をつけて聞いてちょうだい！

SALE　塩

塩はヘブライ民族、ギリシャ人、ローマ人のいけにえの儀式などに使われていた。けがれなさを象徴。清浄効果があるとされ、占領地に撒かれたり、魔除けとしても使用されていた。ランゴバルト族は塩とパンを供えることで、外国人客の受け入れ態勢を示していた。

avere poco sale in zucca

分別がない

> 直訳は「カボチャの中に塩があまりない」。キリスト教では塩は知恵の象徴。カボチャは滑稽な言い方で、人の頭を指す。農家の主婦が、塩を乾燥したカボチャの中で保存していたことに由来。avere poco sale in testa、essere una zucca vuota、essere indietro di sale、essere una testa di rapa [cavolo]、essere senza cervello も同じ意味。avere (del) sale in zucca は反対の意味。
>
> Dario è proprio bello. Peccato che *abbia poco sale in zucca*.
>
> > ダーリオはとてもハンサムね。でも良識に欠けるところが残念。

rimanere [restare] di sale

（固まってしまうほど）驚愕する

> 直訳は「塩のままになる」。新約聖書のソドムの滅亡に登場するロトの妻は、振り返るなと神に言われたのに振り返ったために塩柱にされた（創世記19章23-26節）ことに由来する。lasciare di sale、sembrare una statua di sale も同じ意味。
>
> A : Hai sentito quello che è successo a Lidia?
>
> B : Come no?! Appena l'ho saputo, *sono rimasta di sale*.

A：リディアのことだけど、聞いた？

B：もちろんだよ。聞いたときはびっくりして固まってしまったよ。

✎ sale を使うその他の表現

color sale e pepe：白髪まじりの。直訳は「塩と胡椒の色」。

con un grano di sale：(奥深い) 意味を汲みとる。直訳は「塩一粒で」。もとはラテン語の表現。

essere il sale della terra：知的で経験豊かである。直訳は「地の塩である」。皮肉的に、自分がいつも正しいと思っている人に対して用いる。

non sapere né di sale né di pepe：味気ない、特色がない。直訳は「塩の味も胡椒の味もしない」。

sparger(e) sale sulle ferite [piaghe]：(〜の) 悲しみをひどくする。直訳は「傷に塩をつける」。

SALSA　ソース

in tutte le salse
さまざまなやり方で

直訳は「すべてのソースに」。**sempre la stessa salsa** とも言う。

Te l'ho detto *in tutte le salse* di andare piano con quella motocicletta. È pericoloso!

あのバイクではゆっくり走るよう、いろいろな形で言っただろう。危険なんだ！

✎ salsa を使うその他の表現

cambiare salsa：(中身は変えず) 見た目だけ変える。直訳は「ソースを変える」。

SCAMORZA　スカモルツァチーズ

essere una scamorza
いくじなし

スカモルツァはアブルッツォ州やカンパニア州などのチーズ。柔らかくて味気がないとされていることから。

Sei una scamorza! Non ribatti mai quando ti offendono.

いくじなし！　侮辱されてもいつだって何も言い返さないじゃないか。

spartirsi la torta

山分けする

> 直訳は「ケーキを分ける」。特に不正行為などに使用される。dividersi la
> torta も同じ意味。

I due ladri *si erano* già *spartiti la torta*, quando la polizia li ha
arrestati.

> 警察が逮捕したときは、ふたりの泥棒はすでに（盗んだものを）山分けしていた。

camminare sulle uova

慎重に行動する、（動きなどが）ぎこちない

> 直訳は「卵の上を歩く」。

Per riuscire a risolvere questa delicata situazione dobbiamo
camminare sulle uova, quindi facciamo attenzione.

> デリケートなこの問題を解決するには慎重に行動しなければならないので、気を
> つけよう。

Hai ancora paura di cadere con quei tacchi alti？ Sembra che
tu stia *camminando sulle uova*.

> その高いヒールで転ぶのがまだ怖いの？　ぎこちないよ。

cercare il pelo nell'uovo

細かいことを言う、詮索する

> 直訳は「卵の中に毛を探す」。人の短所などに対してよく使う。trovare il
> pelo nell'uovo とも言う。

Va bene, c'è qualche errore nella mia tesina. Ma tu non stare
sempre a *cercare il pelo nell'uovo*！

> 私のレポートにいくつか間違いがあることは認めるけれど、あら探ししないで
> ちょうだい！

essere l'uovo di Colombo

（とても）簡単である

直訳は「コロンブスの卵である」。あまりにも単純過ぎて誰もが答えられなかったことを指す。アメリカ大陸の発見は大した業績ではないと批判されたコロンブスは、卵を上下の先端で立てることを試させた。皆が諦めたあとで、卵の先端を潰して自立させて見せたという逸話。scoprire l'America、scoprire l'acqua calda も似た意味。

La soluzione a questo problema di matematica **è l'uovo di Colombo** : ho impiegato molto tempo a trovarla, ma in realtà era semplicissima.

この数学の問題の答えはとても簡単だ。たどり着くまで時間がかかったけれど、本当はとても単純だった。

rompere le uova nel paniere

（～の）計画をつぶす

直訳は「籠にある卵を割る」。aggiustare le uova nel paniere（問題を解決する）は反対の意味。

Invitando anche i suoi amici, Roberta **ha rotto le uova nel paniere** ad Alfredo che invece voleva restare solo con lei.

ロベルタは友達を誘うことによって、アルフレードがロベルタとふたりだけでいる計画をつぶした。

✒ uovo を使うその他の表現

pelato come un uovo：（卵のようにツルツルで）頭髪のない、スキンヘッド。
mangiar(e) l'uovo in corpo alla gallina：（まだ生んでもいない卵を食べることを考えるように）先んじる。

VINO ワイン

finire a tarallucci e vino

（議論や問題などが）円満な終わり方をする

直訳は「タラッルッチとワインで終わる」。tarallo [taraluccio] は食後にワインと供されるイタリア南部のビスケット。動詞 risolvere や finire と共に用いる。解決せず、うやむやに終わるというネガティブな意味でも使用。

Stavo discutendo con il mio ragazzo a causa di un'incomprensione, ma poi sono arrivate le mie amiche ed **è finita a tarallucci e vino**.

誤解があって恋人と口論になっていたけれど、友達が来たからうやむやになった。

reggere il vino

酒に強い

All'inaugurazione di una nuova enoteca, la mia amica *ha retto* bene *il vino*, mentre io mi sono ubriacata subito.

新しいワインショップの開店祝いで、友達はお酒に強いけれど、私はすぐに酔っぱらった。

✒ vino を使うその他の表現

consumare più vino che olio：酒飲みである。直訳は「油よりワインを飲む」。
levare il vino dai fiaschi：（未解決だったものを）明らかにする。ワインの良し悪しは飲むまでわからないことから。

ZUCCHERINO　角砂糖

dare lo zuccherino (a qualcuno)

（〜に）飴を与える

直訳は「（〜に）角砂糖をあげる」。

La maestra, dopo aver ripreso gli scolari, *ha dato* loro *lo zuccherino* facendoli giocare durante la pausa.

先生は生徒たちを叱ったあと、休憩時間に遊ばせることによって飴を与えた。

ZUPPA　スープ

se non è zuppa è pan bagnato

似たりよったりである（(諺)）

直訳は「スープでなければ、濡らしたパンである」。zuppa はゴート語の *suppa* に由来し、「濡らしたパン」を意味する。

A : Sono indecisa su quale libro comprare fra questi due.

B : Fai vedere! Beh, *se non è zuppa è pan bagnato*.

A ：どちらの本を買うか迷っている。

B ：見せて。どちらも似たようなものだね。

食に関する単語を使う表現

bere come un cammello
たくさん飲む

> 直訳は「ラクダのように飲む」。
>
> ### Al termine della maratona, *ho bevuto come un cammello*.
>
> マラソンを走り終えたとき、私は水をたくさん飲んだ。

bere come una spugna
酒をたくさん飲む

> 直訳は「スポンジのように飲む」。
>
> ### Valentino *beve* sempre *come una spugna*.
>
> ヴァレンティーノはいつもお酒をたくさん飲む。

bersela
（でたらめを）信じ込む

> bersela は bere の代名動詞。
>
> ### Quella notizia era una bufala*, ma io *me la sono bevuta*.
>
> あのニュースはでたらめだったけれど、私は信じてしまった。
>
> * bufala = 虚偽情報、フェイクニュース

darla a bere (a qualcuno)
（〜にでたらめを）信じ込ませる

> ### Pensi di *darmela a bere*? Lo so che non è vero che sei uscito con Caterina e che lo dici solo per vantarti!
>
> 信じるとでも思ったか？ カテリーナとデートしたのは嘘で、自慢するためだけに言ったのはわかっているぞ！

✒ bere 動詞を使うその他の表現

o bere o affogare：（いずれもよくない）二者択一。直訳は「飲むか溺れるか」。
berci su [sopra]：飲んで嫌なことを忘れる。直訳は「上に飲む」。

essere un bocconcino

チャンスである

男性が魅力的な女性への呼びかけとして用いることもある。

Questa casa a questo prezzo *è un* bel *bocconcino*.

この価格でこの家とは大チャンスだ。

mandar(e) giù un boccone amaro

（仕方がなく）嫌なことを受け入れる

直訳は「苦いひと口を飲み込む」。ingoiare un boccone amaro、masticare amaro も同じ意味。

Ho dovuto *mandar giù un boccone amaro*, quando ho saputo di non aver ricevuto la borsa di studio per studiare all'estero.

海外留学のための奨学金がもらえないとわかったとき、受け入れるしかなかった。

mangiare un boccone

素早く食べる、軽食をとる

Io propongo di *mangiare un boccone* al bar qui vicino e poi tornare subito in ufficio.

近くのバールで軽食をとって、すぐにオフィスへ戻ろう。

mangiarsi (qualcuno) in un boccone

（〜より）断然うわてである

直訳は「ひと口で（人を）食べる」。

Tuo cugino mi ha sfidato a una partita a scacchi, ma io *me* lo *mangio in un boccone*.

君の従兄がチェスで挑戦してきたけれど、僕のほうが断然強い。

tra un boccone e l'altro

大急ぎで

直訳は「ひと口とひと口の間」。食べる間にしなければならないほど急いで。con il boccone in gola も同じ意味。

Ho finito di scrivere la tesina _tra un boccone e l'altro_, perché mancava pochissimo alla scadenza della consegna.

提出期限までわずかな期間しかなかったから、大急ぎでレポートを書き終えた。

✒ boccone を使うその他の表現

a pezzi [spizzichi] e bocconi：（情報など）断片的に。直訳は「ひと口ずつ」。
essere un boccone da prete：狭義で「鶏の尾」。比喩的に「(食べ物の) 一番おいしい部分である」。直訳は「神父のひと口である」。多くのカトリックの司祭は美食家であったことから。

BOTTE 樽

essere in una botte di ferro
（手厚く）保護されている、心配の要素がない

直訳は「鉄の樽に入っている」。

L'accusato _è in una botte di ferro_, perché ha ben due alibi.

2つもアリバイがあるから、被告人には何の心配もない。

✒ botte を使うその他の表現

dare un colpo al cerchio e uno alla botte：（対立する）二者の間を巧みに動く。直訳は「輪っかに一打、樽に一打」。樽職人は、樽を作りつつ、樽の周囲を締める輪を作ることに由来する。
essere una botte：（樽のように丸く）太っている。
volere la botte piena e la moglie ubriaca：不可能な両立を求める。直訳は「満杯の樽と酔った嫁を欲しがる」。

COLTELLO ナイフ

avere il coltello dalla parte del manico
主導権を握る

直訳は「ナイフの柄の側を持つ」。avere il coltello per il manico も同じ意味。

Non ti puoi opporre ai suoi ordini, perché è lui che comanda qui e quindi _ha il coltello dalla parte del manico_.

彼は指揮をとっている責任者で、主導権を握っているから、彼の指示に反対してはならない。

che si taglia con il coltello
（霧や暗闇、状況などが）濃い、深い

直訳は「ナイフで切れる」。霧や暗闇が、ナイフでも切れそうなほど濃いという意味。

Alla riunione c'era un'aria tesa *che si tagliava con il coltello*.

会議の緊迫した雰囲気は重かった。

girare il coltello nella piaga
相手が一番弱いところを突く

直訳は「傷の中でナイフを回す」。

Lo so che non mi sarei dovuta rivolgere a lui in quel brutto modo, ma tu smettila di *girare il coltello nella piaga*, perché mi fai sentire ancora più in colpa.

あんな悪い態度を彼に向けるべきではなかったことはわかったけれど、罪悪感をもっと感じてしまうから、私のことをこれ以上とがめないで。

✒ coltello を使うその他の表現

mettere il coltello alla gola：脅す。直訳は「ナイフを喉に突きつける」。
prendere il coltello per la lama：自分が不利になることをする。直訳は「ナイフの刃のほうを取る」。

COTTO, COTTA　料理した、焼いた

dirne di cotte e di crude
さんざんに言う

直訳は「焼いたものも、生のものも言う」。

Ogni volta che la incontro, la signora Bianchi *ne dice di cotte e di crude* sul suo vicino.

ビアンキ夫人に会うたび、彼女は隣人についてさんざんに言う。

essere cotto [prendersi una cotta]
惚れ込む

essere cotto a puntino とも言う。

Pier Paolo *è cotto* di quella ragazza. Si vede da come la guarda.

ピエルパオロはあの女の子に惚れ込んでいる。彼女を見る視線からわかる。

Non posso credere che tu *ti sia presa una cotta* per un ragazzo così eccentrico!

あなたが、あの変わった男の子に惚れただなんて、信じられない。

farne di cotte e di crude
（あらゆる）悪さをする、がむしゃらに生きる

直訳は「焼いたものも、生のものもやる」。

Ieri il figlio di Eva ne *ha fatte di cotte e di crude*.

昨日はエヴァの子どもがあらゆるいたずらをした。

Nella mia vita *ne ho fatte di cotte e di crude*. Sono uno spirito libero!

私は人生をがむしゃらに生きてきた。自由人なんだ！

non essere né cotto né crudo
平凡でとりえがない、特色がない

直訳は「焼いたものでも、生でもない」。non essere né carne né pesce (p. 50 参照) と同じ意味。

Il personaggio principale di questo romanzo *non è né cotto né crudo*.

この小説の主人公は凡庸である。

✎ cotto を使うその他の表現

essere un furbo di tre cotte：(3度焼いておいしくなる分) ずるがしこい。

━━━━━━━━━━━━━━━ **FAME** 空腹 ━━━━━━━━━━━━━━━

non vederci dalla fame
（目が見えなくなるほど）空腹である

avere una fame da non vederci、avere una fame da lupi（p. 26参照）も同じ意味。

È da due giorni che non mangio e ***non ci vedo dalla fame***.

2日も食べていないから、お腹がペコペコだ。

（p. 26参照）

FIASCO フィアスコ（小瓶）

fare fiasco
失敗する

ドメーニコ・ビアンコレッリ（1640-1688）が fiasco をテーマに喜劇を作ったが、全く人気が出なかったことに由来するという説がある。

I produttori di questo programma televisivo ***hanno fatto fiasco***. Infatti, lo *share* registrato è stato bassissimo.

このテレビ番組のプロデューサーたちはしくじった。番組の視聴率はすごく低かった。

FORCHETTA フォーク

essere una buona forchetta
食べることが大好きである

直訳は「よいフォークである」。

Matteo ***è una buona forchetta*** ed è un piacere averlo a casa a cena, perché non rifiuta mai niente.

マッテーオは食べるのが大好きで断ることがないので、彼を家に招待するのはいつも喜ばしい。

parlare in punta di forchetta
きどった話し方をする

直訳は「フォークの先端で話す」。手で食べる人が多く、フォークを使うのは上流階級だけであったことに由来。stare in punta di forchetta とも言う。

Il signor Romano è una persona estremamente calcolata e formale. ***Parla*** sempre ***in punta di forchetta***.

ロマーノ氏はとても計算高く建前を崩さない人だ。いつも気取った話し方をする。

andare a farsi friggere

出て行く、だめになる

> 直訳は「揚げられに行く」。

Vuoi che ti presti ancora la macchina dopo che me l'hai già ammaccata due volte?! Ma *vai a farti friggere*!

> 私の車を二度もへこませたのに、まだ借りたいだって?!　冗談じゃないよ!

essere fritto

窮地に立たされる

> 格言 siamo fritti, disse la tinca ai tincolin「揚げられるぞ、とテンチお母さんが子に言った（tinca はヨーロッパ産の淡水魚）」を省略した表現とされる。

Se sale il controllore sull'autobus, quei ragazzi *sono fritti*! Sono senza biglietto.

> バスの車掌が来たら、あの子たちは終わりだ。彼らはチケットを持っていない。

fritto e rifritto

（何度も）繰り返された

> 直訳は「揚げられ、また揚げられた」。

Questa notizia è *fritta e rifritta*: ne hanno già parlato tutti i giornali e i telegiornali.

> このニュースは陳腐だ。新聞にも載っているし、テレビでも報道されている。

mandare (qualcuno) a farsi friggere

（〜を）追い払う、遠ざける

> 直訳は「揚げられに送る」。冗談交じりで言うことが多い。mandare a quel paese も同じ意味。

Valeria ti prende sempre in giro. Perché non la *mandi a farsi friggere*?!

> ヴァレーリアにはいつもバカにされているじゃないか。追い払ってやったら?

mangiare a quattro palmenti

がつがつ食べる

palmento は水車小屋の回転する石臼のこと。水車小屋には palmento が通常2つついているが4つにすることで貪欲さを示している。mangiare a quattro ganasce、mangiare per due、mangiare come un maiale も同じ意味。

Se vuoi invitare a cena Maurizio, devi cucinare in gran quantità. Lo sai che *mangia a quattro palmenti*!

マウリツィオを夕食に招待するなら、たくさん作らなければならない。彼は、がつがつ食べるのを知っているでしょう。

mangiare a sbafo

他人にたかって食べる

sbafo は動詞 sbafare（他人にたかって食べる）の派生語。mangiare a scrocco、mangiare a ufo も同じ意味。

Sei venuto di nuovo a *mangiare a sbafo*?! Oggi, però, lavi i piatti prima di andare via!

今日もまたただで食べようと思って来たのかい？　でも今日は帰る前に皿洗いをしてもらうぞ！

mangiare come un bue

大食いである

牛の体の大きさだけではなく、ひっきりなしに食べているように見えることから。本当は牛は反芻することによって食物を消化している。

Il figlio della signora Maria *mangia come un bue* e lei è costretta a fare continuamente la spesa.

マリーアの息子は大食いだから、彼女は常に買い物をしなければならない。

mangiare come un uccellino

（小鳥ほどの）少食である

Gisella *mangia* sempre *come un uccellino*. Per questo è così magra.

ジセッラはいつも少食だ。だからあんなにやせているんだ。

mangiare da re
（王様のように豪華な）ご馳走を食べる

mangiare come un re、mangiare come un principe も同じ意味。

Ieri, in quel nuovo ristorante *abbiamo mangiato da re.*

昨日は私たちはあの新しいレストランで豪華なご馳走を食べた。

mangiare la foglia
策略に気づく

直訳は「葉っぱを食べる」。由来は不明だが、蚕が食べられる葉っぱかどうかを味見して判断することに由来するという説がある。

Volevamo farle una festa a sorpresa, ma lei *ha mangiato la foglia*.

サプライズ・パーティーを開こうと思ったのに、彼女は見抜いてしまった。

✒ mangiare を使うその他の表現

mangiare con i piedi：行儀の悪い食べ方をする。直訳は「足で食べる」。
mangiare con gli occhi：食い入るように見つめる。直訳は「目で食べる」。
mangiarsi vivo (qualcuno)：（〜を）非難する。直訳は「（〜を）生きたまま食べる」。

━━━━━━ **ORTO** 菜園 ━━━━━━

curare il proprio orto [orticello]
自分のことだけをする、自分が持っているもので満足する

直訳は「自分の菜園を世話する」。coltivare il proprio orto [orticello] も同じ意味。

Se vi limiterete a *curare il vostro orticello*, vi troverete isolati dal resto della comunità.

自分たちが持っているものだけで満足すると、コミュニティから孤立してしまうぞ。

✒ orto を使うその他の表現

tenere l'orto salvo e la capra sazia：（対立する2つを）両立させる、器用である。直訳は「菜園を無事に、羊を満腹に」。

domandare all'oste se ha buon vino
あたりまえなことを聞く

> 直訳は「いいワインがあるか、宿・飲食店の店主に聞く」。

A : Vuoi venire in pizzeria con me?

B : *Domandi all'oste se ha buon vino*. Adoro la pizza !

> A：私とピザ屋に行かない？
>
> B：もちろんだよ。ピザ大好きだもん！

fare i conti senza l'oste
早まって行動する

> 格言 Chi fa i conti senza l'oste, gli convien farli due volte「宿・飲食店の店主なしに勘定するなら、二度勘定したほうがいい」に由来する。

Secondo me, *hai fatto i conti senza l'oste*. Tuo padre non ti lascerà andare al concerto la sera prima dell'esame.

> 早まったんじゃないかな。お父さんは試験の前日にコンサートなんて行かせてくれないと思うよ。

cadere dalla padella nella brace
状況が悪化する

> 直訳は「フライパンから炭火に落ちる」。フライパンで調理されそうな魚が、逃げられると思ってフライパンから飛ぶが、炭火の上に落ちてしまうという逸話から。cadere dalla padella alla brace、cadere nella brace も同じ意味。

Credevo che questa compagnia aerea fosse migliore di quella con cui sono partita l'anno scorso, ma *sono caduta dalla padella nella brace*.

> この航空会社は去年出発したときのものよりいいと思ったけれど、もっとダメだ。

pelare (qualcuno)
法外な料金をとる

> Ho comprato due magliette in quel negozio, ma mi *hanno pelato*.
>
> あの店でTシャツを2枚買ったけれど、ぼったくられた。

sapere cosa bolle in pentola
（他人の計画を）察知する

> 直訳は「鍋で何を茹でているか知る」。sapere quel che bolle in pentola も同じ意味。

> A：Luca e Anna sono sempre insieme ultimamente. Tu *sai cosa bolle in pentola*?
>
> B：Si sono fidanzati.
>
> A：ルーカとアンナは最近いつも一緒にいる。何か知っている？
>
> B：付き合っているみたいだよ。

✒ pentola を使うその他の表現

fare la pentola a due manici：（何もせず）怠ける。直訳は「取っ手が2つある鍋をする」。他の人が働いているのに、仁王立ちでただ見ている人を、取っ手が2つある鍋に見立てている。

essere il piatto forte
（特に）注目されている

> 直訳は「強い皿である」。

> Il prossimo brano *è il piatto forte* del concerto.
>
> 次の楽曲がコンサートの目玉だ。

sputare nel piatto dove si è mangiato

恩を仇で返す

> 直訳は「食べたお皿に唾を吐く」。

Anche se la tua famiglia è stata molto severa con te, non dovresti ***sputare nel piatto dove hai mangiato*** andandotene via così.

> 家族はあなたに対してとても厳しかったけれど、出ていくなんて、恩を仇で返すようなことはしないほうがいい。

🖋 piatto を使うその他の表現

arrivare a piatti lavati：(ことが済んでしまってから) 遅く到着する。直訳は「皿洗いが終わったときに着く」。

porgere (qualcosa) su un piatto d'argento：見返りを期待せず差し出す。直訳は「銀の皿に乗せて (〜を) 渡す」。

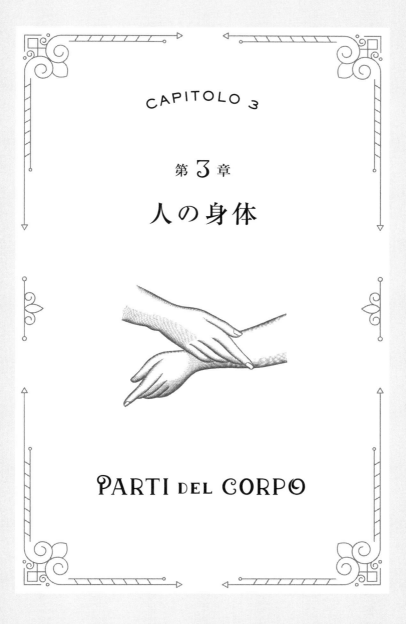

CAPITOLO 3

第 3 章

人の身体

PARTI DEL CORPO

(da) leccarsi i baffi

舌つづみを打つ

> 直訳は「髭を舐める」。猫のしぐさに由来する。leccarsi le labbra も同じ意味。

Quando ho visto la torta al cioccolato che mia nonna aveva preparato per il mio compleanno, *mi sono leccata i baffi*.

> 私の誕生日のためにおばあちゃんが作ってくれたケーキを見たときは、思わず舌つづみを打った。

Dai, venite che ho preparato un pranzo *da leccarsi i baffi*.

> さあ、おいしい昼食を作ったからおいで。

avere [restare con] l'amaro in bocca

期待がはずれる

> 直訳は「口の中に苦味が残る」。avere in bocca un gusto amaro、restare con la bocca amara も同じ意味。

Siamo restati con l'amaro in bocca, quando abbiamo saputo che avevano cancellato il concerto.

> コンサートがキャンセルになったと知らされたときは、がっかりした。

essere la bocca della verità

賢明である、正直である

> 直訳は「真実の口である」。「真実の口」は「神の判決」を受ける方法のひとつ。犯罪の疑いのある者は、扉や壁に設置された大きなお面の口に手を入れる。罪を犯している場合は、刃物が降りてきて手を切断されるという刑罰だった。

Tua sorella *è la bocca della verità*! Quello che dice è sempre verissimo.

> あなたの妹はとても賢い人だね。言っていることはいつも正しい。

essere sulla bocca di tutti

噂になる

直訳は「みんなの口の上にいる」。主にネガティヴなニュアンスで使う。
passare di bocca in bocca は「(噂などが) 早く広まる」の意味。

La sua impresa eroica *è sulla bocca di tutti*.

彼女の武勇伝はみんなの話題になっている。

CAPELLI 髪の毛

averne fin sopra i capelli

うんざりしている

直訳は「髪の毛の先まである」。averne fin sopra la testa も同じ意味。

Ne ho fin sopra i capelli delle tue scuse! Finiscila e incomincia
a studiare!

あなたの言い訳にはもううんざりだ！ 言い訳はやめて、勉強しなさい！

far(e) venire i capelli bianchi

寿命が縮む思いをさせる

直訳は「白髪をつくる」。

A furia di immischiarsi in situazioni pericolose, quel ragazzo
ha fatto venire i capelli bianchi ai suoi genitori.

あの子は危ないことに手を出し、親に心配をかけて寿命が縮む思いをさせていた。

rizzarsi [fare rizzare] i capelli in testa

ぞっとする

直訳は「髪の毛をまっすぐにさせる」。rizzarsi i capelli、fare rizzare i capelli
も同じ意味。

Vedere quel castello abbandonato, anche se da lontano, *ci fa*
rizzare i capelli in testa.

ひとけのないあのお城は、遠くから見るだけでもぞっとする。

spaccare il capello in quattro

細かいことを言う

直訳は「髪の毛 1 本を 4 つに割る」。tagliare un capello in quattro、dividere
un capello in quattro も同じ意味。

> Quando parla lui non si può ribattere, altrimenti *spaccherebbe il capello* in quattro con le sue argomentazioni.
>
> 彼が話すときは反論できやしない。でないと、小うるさい議論が始まってしまう。

strapparsi i capelli
絶望する、憤慨する

> 古代ローマの葬式で雇われる「泣き女」が、実際に髪を引きちぎっていたことに由来。

> Da quando ha perso il marito, la mia vicina non smette di *strapparsi i capelli*.
>
> 近所の奥さんは、夫を亡くしてからずっとひどく落ち込んでいる。

🖋 capelli を使うその他の表現

non torcere un capello：大切にする。直訳は「髪の毛1本にも触れず」。
prendersi per i capelli：（暴力に走るくらい）激しい喧嘩をする。直訳は「髪の毛を引っ張り合う」。
tirato per i capelli：わざとらしい、不自然な。直訳は「髪の毛から引っ張られて」。無理のある考えや理論に対して比喩的に用いる。

CERVELLO 脳

dare di volta il cervello (a qualcuno)
正気を失う

> 直訳は「脳みそがおかしくなる」。uscire (fuori) di cervello、bersi il cervello も同じ意味。

> Ti *ha dato di volta il cervello* a chiamarmi a quest'ora di notte?!
>
> こんな真夜中に電話してくるなんて、正気かい？

CUORE 心臓・こころ

a cuor leggero
軽い気持ちで（行動する）

> 直訳は「軽い心で」。cuore を含む慣用句の多くは感情や情緒に関連するものが多い。この表現は、1870年にフランス首相エミル・オリヴィエが

対プロシアとの戦争のため議会に5億フランの戦費を可決させた際に使ったことで知られている。

Vi ripeto che la mia decisione non è stata presa *a cuor leggero*. Anzi, tutt'altro!

繰り返し言うけれど、決して軽い気持ちで決めたわけじゃない。むしろ反対だ！

avere a cuore

心配する、気にかける

直訳は「心にもつ」。stare a cuore とも言う。

Ho molto ***a cuore*** che mia figlia riesca a superare l'esame di ammissione in questa scuola. Ha studiato così tanto!

娘がこの学校の入学試験に合格できるか、とても心配だ。たくさん勉強してたもの！

avere un cuore di ghiaccio

冷淡である

直訳は「氷の心をもつ」。essere senza cuore（心がない）も同じ意味。

Quel signore ***ha un cuore di ghiaccio***. Tratta sempre male sua moglie, anche davanti agli altri.

あの男性は思いやりがない。人前でも、いつも奥さんの扱いが荒い。

mettersi il cuore in pace

開き直る、あきらめる

多くの場合は他人に対して使うが、自分に対しても使用。mettersi l'animo in pace も同じ意味。non darsi pace は反対の意味。

Non sei riuscito a superare il concorso di abilitazione e il prossimo è previsto fra cinque anni, quindi ***mettiti il cuore in pace***.

あなたは資格試験に合格できなかったけれど、次の試験は5年後だから、もう開き直ろう。

spezzare il cuore

（〜をひどく）悲しませる

直訳は「心が割れる」。特に恋愛において皮肉的に使う。

Tu *spezzi il cuore* a tutte le ragazze che frequenti. Non potresti essere più gentile qualche volta?!

あなたはつき合った女性を全員悲しませる。たまにはもっと優しくしたらどう？

stringersi il cuore
胸が痛む、同情する

直訳は「心が縮む」。avere il cuore stretto、sentirsi piangere il cuore、strappare il cuore も同じ意味。

Mi *si stringe il cuore* pensando a quello che hai passato. Poverino!

あなたに起きたことを考えると胸が痛む。かわいそうに！

✒ cuore を使うその他の表現

avere un cuore d'oro [essere di buon cuore]：親切である、寛大である。直訳は「黄金の心がある」。

col cuore in gola：（走ったあとのように）息切れがする、胸がどきどきする。直訳は「心臓が喉に」。

col cuore in mano：親切に。直訳は「心臓を片手に」。正直なアドバイスなどにも用いる。

con tutto il cuore：心の底から。直訳は「心いっぱいに」。

togliersi un peso dal cuore：心配ごとから解放される。直訳は「心臓から荷を下ろす」。過ち、秘密を打ち明けるときなどに使う。

DENTE 歯

avere il dente avvelenato
腹を立てる

直訳は「毒牙をもつ」。

Sembra che Riccardo *abbia il dente avvelenato* nei confronti di Luigi. Ne parla sempre male!

どうやらリッカルドはルイージに対して怒っているみたいだ。彼の悪口ばかり言っている！

mettere qualcosa sotto i denti
食べる

直訳は「歯の下に何か入れる」。non avere niente da mettere sotto i denti（食べるものがない、貧しい）は反対の意味。

Vorrei proprio *mettere qualcosa sotto i denti*, perché non ho ancora pranzato e sono già le due.

もう2時なのに何も食べていないから、何か食べたい。

stringere i denti

我慢する

直訳は「歯を食いしばる」。

Lo so che siete stanchi di camminare, ma *stringete i denti*. Un altro piccolo sforzo e saremo arrivati a casa.

疲れていると思うけれど、我慢して歩いて。もう少し頑張れば家に着くよ。

FACCIA 顔

---

avere la faccia di bronzo

羞恥心のない、厚かましい

直訳は「ブロンズの顔をもつ」。金属の中でもブロンズは腐食に強いとされる。essere una faccia di bronzo も同じ意味。avere la faccia tosta は、恥知らずであることを強調した表現。bella を付け加えて avere una bella faccia tosta で用いることが多い。

A : Guarda chi c'è in fondo alla strada ! Caterina. Adesso vado a salutarla.

B : Dopo averla lasciata in quel modo, vuoi andarla a salutare?! *Hai* proprio *la faccia di bronzo* !

A：見て、道の向こう側にいるのはカテリナだ。声をかけに行こうよ。

B：あんなふり方をしたのに正気かい？　厚かましい奴だな！

avere una bella faccia

健康である、厚かましい

直訳は「いい顔である」。冗談交じりで、軽率で生意気な人に対して言う。

Oggi Dino *ha* proprio *una bella faccia* ! Sembra fresco e riposato.

今日のディーノはとても元気そう！ フレッシュではつらつとしている。

Hai una bella faccia ad arrivare a quest'ora! Il nostro appuntamento era un'ora fa.

どんな顔してこの時間に来るんだ？ 私たちの約束は1時間前だぞ。

avere una faccia da schiaffi

生意気な顔つき

冗談交じりでも使う。faccia da sberle、avere la faccia tosta、avere una faccia da culo（俗語）も同じ意味。

Sai, _hai_ proprio _una faccia da schiaffi_! Credi di sapere sempre tutto?!

なんて生意気なんだ！ 何でもわかっているつもり？

l'altra faccia della medaglia

（人や物事などの）裏側

直訳は「メダルの裏側」。主にネガティブな意味で用いる。表側が複雑なメダルでも、裏側は素朴なデザインであったり、いっさい彫りがなかったりすることから。il rovescio della medaglia も同じ意味。

A: Questo lavoro è interessante, ma è anche molto faticoso.

B: Eh già! È _l'altra faccia della medaglia_.

A：この仕事はおもしろいけれど、とてもたいへんだ。

B：そうだな。裏があるね。

non guardare in faccia nessuno

（誰の）顔色もうかがわない

直訳は「誰の顔も見ない」。一方で non guardare più in faccia (qualcuno) は恨みのある人に一生関わったり、再会したりしたくないこと。

Se hai preso questa decisione, allora seguila e _non guardare in faccia nessuno_.

一度この決断をしたなら、誰にも左右されずに貫き通せ。

✒ faccia を使うその他の表現

fare [avere] una faccia da funerale：暗い表情である。直訳は「葬式並みの顔を

している」。

perdere la faccia：面子がつぶれる。直訳は「顔を失う」。
salvare la faccia：（失敗を避け）面目を保つ。直訳は「顔を救う」。

FEGATO 肝臓

(non) avere fegato [il fegato]
勇気がある［勇気がない］

> 肝臓は勇気の源とされていた。**avere del fegato** も同じ意味。

> *Hai fegato* ad andare a parlare con il padre della tua ragazza. Lo sai che non ti sopporta.
>
> 恋人の父親に話しに行くなんて、勇敢だね。嫌われているのを知っているのに。

> *Non ho il fegato* di chiedere un aumento al mio capo.
>
> 上司に昇給をお願いする勇気がない。

GAMBA 脚

a gambe levate [darsela a gambe]
（一目散に）逃げる

> Siamo fuggiti *a gambe levate*, quando nel bosco abbiamo sentito un rumore di rami spezzati. Pensavamo fosse un orso.
>
> 森の中で枯葉の音がしたとき、一目散に逃げた。クマだと思った。

> I rapinatori *se la sono dati a gambe*, quando hanno capito che stava arrivando la polizia.
>
> 警察が駆けつけているとわかったとき、強盗犯たちは急いで逃げた。

essere in gamba
有能である

> 親しい間柄では in gambissima とも言う。

> *È* uno studente *in gamba* e prende sempre buoni voti.
>
> 彼は優等生で、常に良い成績だ。

prendere sotto gamba

軽率に考える、見くびる

> ボッチャやペタンクで、股の間から腕を回してボールを瓶に当てられると
> 言う人に限って、成功しないことから生まれた表現。

Ti hanno bocciato, perché *hai preso sotto gamba* l'esame. La prossima volta studia di più!

> 落第したのは試験をなめていたからだ。今度はしっかり勉強しなさい！

GOMITO 肘

alzare il gomito

酒を飲みすぎる

> 酒を飲む際、肘も上がることに由来。

Oggi non mi sento molto bene, perché ieri sera *ho alzato* un po' *il gomito*.

> 昨日は飲み過ぎたから、今日は気分が優れない。

LINGUA 舌

avere la lingua biforcuta

二枚舌である

> 直訳は「二股に別れている舌をもつ」。嘘つきや裏切り者に対して言う。陰
> 険な生き物とされていた毒蛇の舌に由来。アメリカインディアンをテーマ
> にする漫画の中で、先住民が白人に対して使うことから普及した。avere la
> lingua di serpente、avere la lingua serpentina も同じ意味。

Ti chiedi perché tutti ti evitano? Ma se *hai la lingua biforcuta*!

> どうしてみんなに避けられているかわからないって？　二枚舌だからだよ！

avere la lingua lunga

口が軽い、おしゃべりである

> 直訳は「長い舌をもつ」。

A : Non avrei dovuto parlare con la zia Marta. È andata subito a spifferare tutto a mia madre.

B : Perché lo hai fatto？ Lo sanno tutti che *ha la lingua lunga*.

A：マルタ叔母さんに相談するんじゃなかった。すぐに母にしゃべっちゃったよ。

B：どうしてそんなことしたの？　口が軽いってわかっているでしょう。

essere una malalingua
口が悪い、毒舌家である

直訳は「悪舌である」。悪口や噂話をよく言う人を指す。

Per favore, non portare Vanessa alla mia festa, perché *è una malalingua* terribile.

お願いだから、ヴァネッサを私のパーティーに連れて来ないで。悪口言ってばかりだから。

avere sulla punta della lingua
（言葉が）喉まで出かかって思い出せない

直訳は「舌の先にある」。

L'anno scorso, ho visto un film al cinema che mi è piaciuto molto. Il titolo era … Aspetta che ce l'*ho sulla punta della lingua*.

去年、映画館でとてもいい作品を見た。タイトルは……待って、出てきそうで出てこない。

MANO 手

(essere) alla mano
手近に置く、親しみやすい

Il tuo professore *è* un tipo *alla mano*：scherza sempre con tutti.

あなたの先生はとても親しみやすいお人柄だ。誰とでもいつも冗談を言う。

avere la mano pesante
暴力をふるう、厳しく叱る

直訳は「重い手をもつ」。avere la mano leggera（人を丁寧に扱う、甘い態度をとる）は反対の意味。

Non bisogna assolutamente *avere la mano pesante* con i ragazzi indisciplinati, altrimenti diventano irrecuperabili.

> 難しい児童には暴力は絶対にふるわないほうがよい。取り返しがつかなくなってしまう。

avere le mani bucate

金遣いが荒い、浪費癖がある

> 直訳は「穴が開いた手をもつ」。spendere e spandere も同じ意味。

Se continui ad *avere le mani bucate*, non riusciremo mai a mettere da parte i soldi per comprarci la casa!

> 無駄遣いを続けたら、私たちの家を買うための貯金ができなくなるよ!

avere le mani in pasta

(ビジネスや権力で) 影響力のある、顔が効く

> 直訳は「練り粉のついた手をもつ」。小麦粉で生地を作る際に、手に練り粉がつくことから。ネガティブな意味で「悪事に手を染める」。

Riguardo a una faccenda così importante, ti consiglio di rivolgerti a quel politico di nostra conoscenza, perché *ha le mani in pasta*.

> こんなに深刻なことだから、私たちの知り合いのあの政治家に相談するといいよ。彼は顔が効く人だからね。

avere le mani legate

自由を奪われている

> 直訳は「結ばれた手をもつ」。essere legato mani e piedi も同じ意味。

Da quando Alessia mi ha ordinato di non intromettermi nella questione, *ho le mani legate*.

> アレッシアから問題に関わらないように指示されてからは、思うように関わることができなくなった。

lavarsene le mani

(〜から) 手を引く、責任を放棄する

> 直訳は「〜から手を洗う」。マタイによる福音書で、ポンテオ・ピラトがイエスの処刑に関与していないと主張する (27章22-24節) ときのジェス

チャーに由来。自分に対しても、他人に対しても使う。lavarsi le mani come Ponzio Pilato とも言う。

Avrei dovuto scrivere un articolo con una mia collega, ma lei *se n'è lavata le mani* all'improvviso, lasciandomi nei guai.

同僚と記事を書く予定だったが、彼女は突然手を引いて私を困らせた。

mangiarsi le mani

後悔する、悶々とする

直訳は「自分の手を食べる」。mordersi le mani、rodersi le mani という表現もある。

Pensando che avrei potuto ottenere quel lavoro se solo non avessi fatto tardi al colloquio, *mi mangerei le mani*.

あの面接に遅刻さえしなければ受かっていたと思うと、後悔しかない。

mettere la mano sul fuoco

断言する

直訳は「火の上に手をかざす」。中世ヨーロッパでは、炎に手を当て、焼けずに手を引けたら神から守られているとされ、無実を証明することができた。また古代ローマのムツィオ・シェーヴォラが敵対する王ではなく、兵士を誤って殺めてしまい、罪滅ぼしに右手を「過ちの手」として炭火に突っ込んだことからという説もある。

A : Domani andrai al concerto di Vasco Rossi＊?

B : Ci puoi *mettere la mano sul fuoco*!

Ａ：明日のヴァスコ・ロッシのコンサート、行くの？

Ｂ：間違いなく行くよ！

＊ Vasco Rossi (1952) はイタリアを代表するシンガーソングライター。

mettersi le mani nei capelli

絶望する

直訳は「髪の毛に手を入れる」。ジョークでも使う。葬式などに雇われる「泣き女」のしぐさに由来。

Silvia *si è messa le mani nei capelli*, quando ha visto quello che ha combinato il suo cane mentre lei era al lavoro.

仕事中に愛犬がしでかしたことを見たとき、シルヴィアは絶望した。

starsene con le mani in mano
傍観している

直訳は「手を手に乗せたままでいる」。意識的にも恣意的にも使う。主に他に仕事している人がいる場面で用いる。rimanere con le mani in mano、starsene con le mani in grembo、stare con le mani in tasca も同じ意味。

Non *starsene con le mani in mano* e aiutaci a spalare la neve.

ぼーっとしていないで、雪かきを手伝ってちょうだい。

✎ mano を使うその他の表現

venire alle mani：もめ合う。直訳は「手に来る」。
mettere le mani avanti：先手を打つ。直訳は「手を前に置く」。転ぶ際に手を前に出す動作に由来。
allungare le mani：盗む。直訳は「手を伸ばす」。または許可なしにものを触ること。
a mani nude：素手で。凶器などを使わず、素手で人を殺害する場面で使う。
restare a mani vuote：手ぶらで、収穫もなしに。直訳は「空っぽの手になる」。

NASO 鼻

---

arricciare il naso
顔をしかめる

直訳は「鼻にしわを寄せる」。storcere il naso、torcere il naso とも言う。

Questa è l'unica offerta che abbiamo ricevuto, quindi è meglio non *arricciare il naso* e accettarla.

これが唯一もらえたオファーだから、嫌な顔をせず受けたほうがいい。

avere la puzza sotto il naso
傲慢な態度をとる

関連表現として avere la puzza sotto al naso、avere la puzza al naso もある。avere la muffa al naso も同じ意味だが、使用頻度は低い。

Sara, non portare la tua amica alla mia festa. Non la sopporto. *Ha* sempre *la puzza sotto il naso*.

サーラ、あなたの友だちを私のパーティーに連れて来ないで。いつも傲慢な態度で、我慢ならない。

avere (buon) naso

勘が鋭い

avere fiuto も同じ意味。

Hai avuto buon naso a comprare questa macchina. È perfetta, nonostante sia di seconda mano.

この車を選んだのはいい選択だったね。中古だけれど、完璧だ。

ficcare il naso

口出しする、首を突っ込む

この表現から ficcanaso が派生した。

Sei la solita impicciona! Non *ficcare* più *il naso* nelle mie cose.

あいかわらずお節介ね！　私情に首を突っ込むのはやめてちょうだい。

non vedere più in là del proprio naso

視野が狭い、計画性がない

直訳は「自分の鼻より向こうが見えない」。

Enzo fa sempre scelte sbagliate, perché *non vede più in là del suo naso*.

エンツォは視野が狭いから、いつも間違った決断をしてしまう。

prendere per il naso

手玉にとる、もてあそぶ

直訳は「鼻から捕まえる」。畜牛の鼻にリングを通して誘導していた習慣から。古代ローマ人以前にギリシャ人も使っていたとされる古い表現。menare per il naso とも言う。

Guarda che non ti credo più e questa volta non mi *prenderai per il naso*!

あなたの言うことはもう信じないぞ。また振り回されるのはごめんだ！

naso を使うその他の表現

restare [lasciare] con un palmo di naso：（〜を）がっかりさせる、唖然とさせる。

第 3 章　人の身体　　99

farla sotto il naso：禁じられたことをする、（〜に）ダメージを与える。直訳は「鼻の下でしでかす」。

far saltare [venire] la mosca al naso：いらいらさせる、（何度も）怒らせる。ハエが何度も鼻に近づいてくるように、同じちょっかいを繰り返して怒らせること（p. 27参照）。

NERVO　神経

avere i nervi a fior di pelle

（怒りで）不機嫌である

> 直訳は「神経が皮膚の表面まで浮かび上がっている」。**avere i nervi**、**avere i nervi scoperti** とも言う。**dare ai nervi** も同じ意味だが、不機嫌にさせる人・ものを主語にとるので注意。

> Lasciami stare : non vedi che *ho i nervi a fior di pelle*?! Ho avuto una giornata terribile.
>
> > 放っておいて。不機嫌なのがわかるでしょう？　最悪な一日だったんだ。

OCCHIO　目

a occhio [a occhio e croce]

おおざっぱに、だいたい

> 目で十字を描くように、左から右、上から下へ目線を動かすことで判断することから。**su per giù** も同じ意味。

> Pare che il muratore abbia fatto un lavoro *a occhio*. Guarda che pasticcio!
>
> > 石工はいい加減な仕事をしたようだ。めちゃくちゃだ！

> A : Quanto sarà alto quel palazzo ?
>
> B : *A occhio e croce* 30 metri.
>
> > A ：あの建物はどのくらいの高さかな？
> >
> > B ：ざっと30メートルかな。

aprire gli occhi (a qualcuno)

（〜の）目を覚ませる、気づく

直訳は「(人に)目を開かせる」。tenere gli occhi aperti、tenere gli occhi ben aperti は似ているが意味が異なり、目を凝らして気をつけること。一方で sognare a occhi aperti は「妄想する」という意味。

Finalmente Gianni **ha aperto gli occhi** e si è ricreduto sull'onestà di quello che considerava il suo migliore amico.

大親友だと勘違いしていた人の本当の正体に、ジャンニがやっと気づいた。

avere un occhio di riguardo
敬意を払う

直訳は「注意の目がある」。usare un occhio di riguardo、con un occhio di riguardo、tenerci su un occhio di riguardo も同じ意味。

Sei così conosciuto in città che tutti **hanno un occhio di riguardo** per te e la tua famiglia!

町では、あなたやあなたの家族のことをみんな知っていて、一目置いているよ。

chiudere un occhio
見て見ぬふりをする

直訳は「片目を閉じる」。far finta di niente、lasciar(e) correre、passarci sopra も似た意味。

A : Direttore, mi scusi se sono in ritardo. C'era molto traffico questa mattina.

B : Per oggi **chiuderò un occhio**, ma se continua così dovrò prendere dei provvedimenti.

　A：社長、遅刻してすみません。今朝はかなりの渋滞でして。

　B：今日は見逃しますが、遅刻が続いたら処分をとらなければなりません。

costare un occhio della testa
(眼球を売ったときの値段ほど) 高額である

動詞 spendere、valere、pagare も使える。

Guarda questo vestito. Mi **è costato un occhio della testa**.

この服を見て。目がくらむような値段だったんだ。

essere (come) un pugno in un occhio

目ざわりである

> 直訳は「目にパンチのようである」。

> **Quella casa con i muri rosa *è come un pugno in un occhio*. Non si armonizza con le altre case della zona e con l'ambiente circostante.**

> あのピンク色の壁の家は目ざわりだ。周りの家や地域の雰囲気と調和しない。

(non) dare nell'occhio

目立つ

> 直訳は「目の中に入れる（入れない）」。ネガティヴに用いる。**dare all'occhio** も同じ意味。形は似ているが **dare un occhio a** は「（〜を）監視する、面倒をみる」。**dare un occhio per**、**dare un occhio pur di〜** は「（欲しいものを得るために）大きなものを犠牲にする」という意味。条件法のみで用いられる。

> **Francesca *dà* sempre *nell'occhio* con quei suoi vestiti costosissimi.**

> 高価な服ばかり着るフランチェスカは、いつも目立つ。

non credere ai propri occhi

目を疑う、信じられない

> 直訳は「自分の目を信じない」。**non poterci credere** も同じ意味。

> **A : Guarda laggiù! Ci sono Fabio e Antonella mano nella mano.**

> **B : *Non credo ai miei occhi*! Ma non si erano lasciati perché litigavano sempre?**

> A：あそこを見て！ ファビオとアントネッラが手をつないでいる！

> B：信じられないよ！ いつも喧嘩ばかりしているから別れたんじゃなかったの？

saltare all'occhio

目立つ

> 直訳は「目に飛ぶ」。**balzare all'occhio** も同じ意味。**saltare agli occhi** は似た表現だが、「（人を）攻撃する」という意味なので注意すること。言葉だけの攻撃も指す。防御のため、相手の目を攻撃する動物の行動に由来する。

In questa foto di gruppo Bice *salta all'occhio*, perché è la più alta.

> この集合写真で目に飛び込んでくるのはビーチェだ。一番背が高いからね。

✒ occhio を使うその他の表現

a colpo d'occhio：一見、ひと目で。直訳は「目の一発で」。

anche l'occhio vuole la sua parte：《諺》見た目も大切だ。直訳は「目も自分の役が欲しい」。

avere gli occhi foderati di prosciutto：わかろうとしない。直訳は「プロシュートハムで包装された目をもつ」。広義で「勘が鈍い」。

in un batter d'occhio：またたくまに。

non chiudere occhio：眠れない。直訳は「目を閉じない」。

tenere d'occhio qualcuno：（〜を）監視する、尾行する。直訳は「(人を)目で押さえておく」。

ORECCHIO　耳

aprire bene le orecchie
集中して聞く

> 直訳は「耳でしっかり開く」。主に注意したり、叱ったりする際に用いる。情報を得るために周囲に注意することなども指す。

Te lo dico l'ultima volta, quindi *apri bene le orecchie*: non ti voglio più vedere nei paraggi!

> 最後にもう一度だけ言うから、しっかり聞きなさい。もうこのあたりをうろちょろしないように！

entrare da un orecchio e uscire dall'altro
聞き流す

> 「聞いていなかったふりをするから大丈夫だ」の意味で、秘密を守るように頼まれた際に、相手を安心させるためにも用いる。

Ti avevo avvisato di non fare investimenti in Borsa, ma il mio suggerimento ti *è entrato da un orecchio e* ti *è uscito dall'altro*, e adesso sei rimasto senza soldi.

> 投資はやめたほうがいいって言ったのに、私のアドバイスを聞き流し、今は一文なしだね。

essere duri d'orecchie

耳が遠い

> 直訳は「耳が固い」。比喩的に「聞こえないふりをする」。

Mio nonno *è duro d'orecchie* e per questo tiene sempre la televisione a volume altissimo.

> 祖父は難聴だ。そのため、いつもテレビは大音量だ。

Avete sentito quello che vi ho detto oppure *siete* un po' *duri d'orecchie*? Mettetevi subito al lavoro!

> いま言ったことは聞こえたの？　それとも聞こえないふりをしているの？　すぐに仕事に戻りなさい。

essere tutt'orecchi

耳をそばだてる

> 直訳は「すべて耳である」。

Dunque, dimmi cosa è successo ieri sera. *Sono tutt'orecchi*.

> さて、昨晩何があったか話してくれ。興味津々だ。

fare orecchie da mercante

聞こえない［わからない］ふりをする

> 市場の混乱を理由に聞こえないふりをする商人に由来する。14世紀のイタリアの文書に見られる表現。fare orecchio da mercante とも言う。

Alla richiesta dei cittadini di diminuire le tasse, il Governo *ha fatto orecchie da mercante*.

> 国民による税金引下げの要請を、政府は無視した。

rizzare le orecchie

聞き耳を立てる、耳をそばだてる

> 直訳は「耳を立たせる」。多くの動物が、危険を感じたり、よく聞こえるように耳をそばだてる行為に由来。rizzarsi le orecchie、drizzare le orecchie とも言う。tendere l'orecchio、allungare le orecchie は rizzare le orecchie は形は似ているが「気づかれないように人の話を聞く」という意味なので注意。

Quando il professore ha iniziato a parlare di Caravaggio, che è l'argomento della mia tesi di laurea, *ho rizzato le orecchie*.

先生が私の卒業論文の課題であるカラヴァッジョについて話し始めたときは、注意して聞いた。

fischiare le orecchie (a qualcuno)

（誰かが）自分の噂をしている気がする

直訳は「耳鳴りがする」。その場に居ない人の話をすると、噂された人に耳鳴りが起きるという古い言い伝えから。右耳か左耳かで、噂の良し悪しがわかるともされていた。

Oggi mi *fischiano le orecchie*. Chissà chi mi sta pensando!

今日は耳鳴りがする。誰が私の噂をしているんだろう。

✒ orecchio を使うその他の表現

a orecchio：楽譜なしで演奏する。曲のことをあまり知らない状態で演奏する。
avere orecchio：聴力に優れる。特に音階や音程を繊細に聞きとれること。
non sentirci da un orecchio：聞きたくない。直訳は「片耳が聞こえない」。特に、何か依頼されたとき、聞こえないふりをする際に冗談で言う。
tapparsi le orecchie：（手で耳をふさぐように）聞くことを拒否する。
tirare le orecchie：（小さいことで）優しく叱る。直訳は「耳を引っ張る」。

OSSO 骨

essere un osso duro

手ごわい相手である、難関である

直訳は「硬い骨である」。

Nell'ultimo incontro di boxe che ho visto, l'avversario sfidante *era un osso duro*.

最近見たボクシングの試合の挑戦者は、手ごわい相手だった。

PELLE 皮膚、肌

essere amici per la pelle

親しい友人である

pelle はこの場合「命」を表す。「命を犠牲にしていいほどの仲」という意味。

Farei qualsiasi cosa per Marcello! *Siamo amici per la pelle*.

マルチェッロのためなら何でもするよ！ 大親友だ。

per un pelo
間一髪で

> ポジティブにもネガティブにも用いる。mancarci un pelo も同じ意味。

> **Mi sono imbarcata sull'aereo *per un pelo*, nonostante l'equipaggio si stesse preparando a chiudere il portellone.**
>
> 乗務員がゲートを閉める準備をしていたが、ギリギリで飛行機に乗れた。

avere i piedi per terra
地に足がついている

> 現実的で理性的な考えの持ち主に対して用いる。tenere i piedi per terra、stare con i piedi per terra も同じ意味。

> **Tu sì che *hai i piedi per terra*! Io, invece, ho poco senso pratico e mi illudo sempre.**
>
> あなたはとてもしっかりしているね！ 僕なんか、合理性に欠けるし、いつも思い違いばっかりだよ。

darsi la zappa sui piedi
墓穴を掘る

> 直訳は「自分の足に鍬を当てる」。tirarsi la zappa sui piedi、darsi la scure sui piedi、darsi le martellate sulle dita も同じ意味。

> **Perché hai accettato di aiutare il tuo collega proprio adesso che sei così impegnata? *Ti dai* sempre *la zappa sui piedi*!**
>
> こんなに忙しいときに限って、どうして同僚のお手伝いをするって言ったの？ いつもそうやって墓穴を掘るんだから！

essere una palla al piede
足手まといになる、邪魔である

> palla は、奴隷や囚人の動きを制限し、逃げないようにするために、鎖で足首につけられていた鉛や鉄の玉を指す。

> **Dai, sbrigati! Non *essere la solita* ** *palla al piede*. Non vedi

che così faremo tardi all'appuntamento?

> ほら、急いで！ いつものように迷惑をかけるのはやめてちょうだい。これでは約束に遅れてしまう。

> * この例では、不定冠詞 una の代わりに〈定冠詞＋solita〉を使っている。

partire con il piede giusto
よいスタートを切る

> 直訳は「正しい足で出発する」。古代ローマ人は起床時に「正しい足」とされていた右足からスタートすると、不運のない一日を過ごせると信じていた。右足は神、左足は悪魔の足とされていることが多い。partire con il piede sbagliato は反対の意味。

> Oggi, al colloquio di lavoro *sono partita con il piede giusto*.

> 今日は転職のための面接で、調子よく話し始めることができた。

tenere il piede in due staffe
二股をかける

> 直訳は「足を二つの鐙にかける」。昔の騎兵はより早く目的地に着くため、2頭の馬に交互に乗っていたことに由来する。tenere il piede in due scarpe も同じ意味。

> Non c'è da fidarsi di quel politico. *Tiene* sempre *il piede in due staffe* e non si capisce mai da che parte stia.

> あの政治家は信用ならない。いつもどっちつかずで、誰の味方をしているかわからない。

togliersi dai piedi [togliere dai piedi (qualcuno)]
[自動詞で] いなくなる、[他動詞で] 遠ざける

> 直訳は「足元からどく」。levarsi dai piedi も同じ意味。essere [stare] tra i piedi は似ているが「(足の間のある障害物のように) 迷惑になる、邪魔になる」という意味なので注意。さらにそのバリエーションが avere tra i piedi。

> A : Cosa fai qui? Lo sai che la tua presenza non è gradita nel mio pub!

> B : Va bene, stai calmo! *Mi tolgo* subito *dai piedi*.

A：何をしに来たんだ？　うちのパブではあなたは歓迎されないのはわかっているだろう。

B：わかったから、落ち着いてくれ。すぐにおいとまするから。

✒ piede を使うその他の表現

mettere un piede in fallo：足を踏みはずす、過ちを犯す。

in punta di piedi：静かに。直訳は「つま先で」。歩くことに対して、または比喩的に注意を払いながら。

avere un piede nella fossa [tomba]：死に近い。直訳は「片足が墓にある」。古代ローマ時代には、地獄の渡し守カロンが死者の霊をあの世へ運んでいた小船から avere un piede nella barca とも言った。

========== SANGUE 血 ==========

avere sangue freddo
冷淡に、冷静に

直訳は「冷たい血で」。ポジティブな意味で、非常事態でも冷静に感情を抑えられる人を言う。senza fare una piega、senza battere ciglio、a sangue freddo も同じ意味。sangue caldo、sangue bollente、sangue ardente は反対の意味。

Se sei riuscita a stare calma in quella situazione, vuol dire che **hai sangue freddo**.

あの状況で落ち着いていられたなら、君は冷静な人ということだ。

battersi all'ultimo sangue
最期まで戦う

騎士の決闘では battersi al primo sangue（最初の血まで戦う）はどちらかが剣で当てられるまで戦うこと、battersi all'ultimo sangue（最後の血まで戦う）はどちらかが死ぬまで戦うことを言う。広義で「全身全霊で戦う」。

Mi batterò all'ultimo sangue per una causa così importante!

この大事な目標のために、全身全霊で頑張るよ。

farsi il sangue amaro [cattivo]
（発散できず）腹を立てる、（怒りや悩みを打ち明けられず）苦悩する

苦しみや辛さが血に流れて全身に行きわたるイメージに由来。怒りのあまり、胆汁の苦味を感じることに由来するという説もある。farsi cattivo sangue、farsi il sangue guasto も同じ意味。

> Non **farti il sangue amaro** per una piccolezza del genere. Non ne vale proprio la pena!
>
> こんな些細なことで腹を立てるな。気にするだけ無駄だ！

montare il sangue alla testa

頭に血がのぼる、かっとなる

> sentirsi montare il sangue alla testa、far salire il sangue alla testa、fare andare il sangue alla testa も同じ意味。

> Quando l'ho sentito parlare male del mio articolo in quel modo lì, mi **è montato il sangue alla testa**.
>
> 私の記事について悪く言っているのを聞いたときは、頭に血がのぼった。

non correre buon sangue

仲が悪い

> 古代ローマ人にとって、血は生命だけではなく、感情を運ぶものでもあった。 correre cattivo sangue、esserci cattivo sangue は同じ意味。correre buon sangue は反対の意味。

> Tra l'attuale primo ministro e il suo vice **non corre buon sangue**, e per questo la stabilità politica del Paese è in pericolo.
>
> 今の総理大臣と副大臣は不仲だから、国の政治的安定が危ぶまれる。

sentirsi gelare il sangue nelle vene

（恐怖で）ぞっとする

> 直訳は「血管の中で血が凍るのを感じる」。sentirsi gelare il sangue、sentirsi ghiacciare il sangue nelle vene、sentirsi rimescolare il sangue nelle vene も同じ意味。

> Quando mi sono accorto che la barca a vela stava imbarcando acqua, **mi sono sentito gelare il sangue nelle vene**.
>
> ヨットに大量の水が浸出していることに気づいたときは、ぞっとした。

✒ sangue を使うその他の表現

avere nel sangue：（特徴や癖などが）生まれつきである。直訳は「血にある」。
cavar sangue da una rapa：不可能である（p. 66参照）

non avere sangue nelle vene：冷たい性格である、喜怒哀楽がない、臆病者である。
直訳は「血管に血がない」。

sangue blu：貴族階級、高貴な血筋。直訳は「青い血」。

spargere sangue：（犯罪や戦争で）血を流す。直訳は「血をまき散らす」。冗談まじりでも使う。

SPALLA 肩・背中

guardarsi le [alle] spalle
用心する、過去を振り返る

> coprirsi le spalle、proteggersi le spalle も同じ意味。

> Il nostro nuovo direttore è una persona imprevedibile. Meglio *guardarsi le spalle* per non essere colti impreparati.
>
>> 新しい社長は予測不可能な行動をとる人だ。予期せぬことに備えて注意したほうがいい。

> *Mi sono guardata alle spalle* e ho capito di avere fatto la scelta giusta nel vivere in questa città.
>
>> 過去を振り返ってみたら、この町に住む決心をしてよかったとやっとわかった。

prendere alle spalle
不意をつく、背後から襲う

> 軍事用語に由来する。cogliere alle spalle、prendere alla sprovvista も似た意味。

> Cerca di non farti *prendere alle spalle*. Quello è un tipo pericoloso.
>
>> 不意をつかれないよう気をつけて。あいつは危険な人だ。

ridere alle spalle
陰で笑う

> parlare alle spalle、agire alle spalle、agire dietro le spalle も似た意味。

> Tutti *hanno riso alle* mie *spalle*, perché non ho saputo rispondere alle domande del professore.
>
>> 先生の質問に答えられなかったから、みんなが私のことを陰で笑っていた。

trovarsi [mettere (qualcuno)] con le spalle al muro

引き下がれない状況になる［させる］

> 直訳は「(〜の) 背中を壁につける」。

> **Lucia *si è trovata con le spalle al muro*, quando il fidanzato le ha chiesto perché continua a voler rinviare la data delle nozze.**

> なぜ結婚式を延期しつづけるのかを婚約者に聞かれたとき、ルチーアは逃げ場を失った。

vivere alle spalle (di qualcuno)

(〜に) 頼って生活する

> **Valerio ha trovato un ottimo lavoro, ma continua a *vivere alle spalle* dei suoi genitori.**

> ヴァレーリオはとてもいい仕事を見つけたけれど、いまだに実家暮らしだ。

voltare le spalle

(〜を) 見捨てる、(〜から) 逃げる

> 直訳は「背を向ける」。volgere le spalle、girare le spalle も同じ意味。

> **Ti ritenevo un'amica, ma quando ho avuto bisogno di te mi *hai voltato le spalle* e hai preferito evitarmi.**

> 親友だと思っていたけれど、必要としたときにあなたは私を見捨てて避けることを選んだね。

✒ spalle を使うその他の表現

alzare le spalle：無関心を装う。直訳は「肩を上げる」。
avere sulle spalle：負担する、責任をとる。直訳は「背中にある」。特に人を経済的に支えるときに使う。
pugnalare [colpire] alle spalle：裏切る。直訳は「背後から刺す」。

TESTA 頭

andare a testa alta

誇りに思う

> 直訳は「頭を高くして行く」。比喩的に、他人の視線を怖がらず、目をそらさない人のことを指す。andare a fronte alta も同じ意味。一方で andare a

testa bassa は反対の意味。

I tuoi parenti possono dirmi quello che vogliono, ma io *vado a testa alta* del mio lavoro.

あなたの親戚に何を言われようと関係ない。私は自分の仕事を誇りに思っている。

avere la testa fra le nuvole
ぼんやりしている

直訳は「頭が雲の間にある」。アリストパネス著『雲』で、ソクラテスが地上よりかなり高い位置にある籠の中で瞑想していた場面に由来する説がある。vivere con la testa fra le nuvole、avere la testa nelle nuvole も同じ意味。

Ho dimenticato le chiavi della macchina sul tavolo della cucina. *Ho la testa fra le nuvole*!

台所のテーブルの上に車の鍵を忘れた。ぼーっとしているみたい。

avere la testa per aria
ぼんやりしている

直訳は「頭が宙に舞っている」。con la testa per aria は「ぼんやりと」。

Ti sei dimenticata per la terza volta di portarmi il libro che ti avevo chiesto in prestito?! Allora *hai* proprio *la testa per aria*!

借して欲しい本を持ってくるようにお願いしたのは 3 度目なのに、また忘れちゃったの？　本当にぼんやりしているね。

avere la testa sulle spalle
良識がある、分別がある

直訳は「肩の上に頭がある」。avere la testa sul collo も同じ意味。

Gianni è ancora un bambino, ma *ha la testa sulle spalle*. È molto responsabile e ti puoi fidare di lui.

ジャンニはまだ子どもだけれど、しっかりしている。責任感があって信頼できる。

dalla testa ai piedi
全身、体中

直訳は「頭から足まで」。主に、体がずぶ濡れだったり、汚れだらけのときに用いる。da capo a piedi も同じ意味。

Ieri ha piovuto così tanto che, nonostante avessi l'ombrello, mi sono bagnata *dalla testa ai piedi*.

昨日はあまりの豪雨で、傘があっても全身ずぶ濡れになってしまった。

dare alla testa

（酒などに）酔う、うぬぼれる

montarsi la testa も類似表現。

Questo cocktail mi *ha dato alla testa*. Ma cosa c'era dentro?

このカクテルで酔ってしまった。何が入っていたんだろう？

Il fatto di avere superato il provino per il casting di quel film gli *ha dato alla testa*.

彼はあの映画のキャスティングの選考を通過したことで、うぬぼれている。

fare a testa o croce

運任せで決める

直訳は「裏か表をする」。硬貨を投げてその裏表で決めること。古来はコインやメダルの裏表には faccia（顔）と croce（十字）が描かれていたことから。a croce o pila とも言う。

Non so se andare al cinema con Alessandra o in discoteca con Marina. Dammi una moneta che *faccio a testa o croce*.

アレッサンドラと映画館へ行くか、マリーナとクラブへ行くか、迷っている。硬貨を持っているならちょうだい、運任せで決めるよ。

far girare la testa

平静を失わせる、目がくらむ

魅力的な女性や大きな金額のものに対して用いることが多い。da capogiro とも言う。

Tua sorella è così bella che *fa girare la testa* a tutti quando passa accanto.

君の妹が近くを通るたび、その美貌にみんなが首ったけだ。

Luciano ha guadagnato una cifra da *far girare la testa* con un investimento in Borsa ben calibrato.

ルチャーノは念入りに計算した投資で、目がくらむような巨額を稼いだ。

fare la testa come un pallone (a qualcuno)

（噂、叱責、爆音などにひどく）疲れる

> 直訳は「頭をボールのようにする」。fare la testa come una campana、fare la testa come un cestone、fare una testa così も同じ意味。

> Ieri tua madre mi *ha fatto la testa come un pallone* con le sue raccomandazioni. È preoccupata per il nostro prossimo viaggio.

> 昨日は君のお母さんの説教でひどく疲れたよ。私たちの次の旅行のことで心配しているみたいだ。

mettersi in testa [mettere in testa]

決意する、信じ込む [信じ込ませる]

> 直訳は「頭に入れる」。できもしない目標を立てたり、実現不可能な夢を追うことも指す。mettersi in capo も同じ意味。

> Vuoi scalare il Monte Bianco, la montagna più alta d'Italia?! Ma cosa *ti sei messo in testa*?!

> イタリアで最も高い山モンテ・ビアンコに登りたい？　そんなのは無茶だ。

> La maestra *ha messo in testa* a mio nipote che è portato per il disegno.

> 小学校の先生は私の甥っ子に絵が向いていると信じ込ませた。

montarsi la testa

うぬぼれる

> Va bene che hai vinto i campionati regionali, ma non mi sembra il caso di *montarsi la testa*.

> 地方選手権で優勝したのはいいけれど、うぬぼれているわけにもいかないぞ。

perdere la testa

（怒り、動揺などで）我を忘れる、夢中になる

> 直訳は「頭を失う」。

> Quando mio fratello si è accorto che qualcuno gli aveva tagliato una ruota della macchina, *ha perso la testa*.

> 兄は、車のタイヤを誰かに切られたことがわかったときは激怒した。

Mio fratello *ha perso la testa* per Cinzia.

> 弟はチンツィアに夢中だ。

sbattere la testa contro il muro

途方に暮れる、絶望する

> 直訳は「壁に頭を打つ」。non sapere dove sbattere la testa（直訳は「どこに頭をぶつけたらよいかわからない」）は、さらに絶望的な場面で使う。

> Povero Alfredo! Da quando ha perso tutti i soldi a causa del fallimento del suo negozio, *non sa* più dove *sbattere la testa*.

> > かわいそうなアルフレード！ 店が倒産して全財産を失ってからは途方に暮れている。

testa di legno

愚か者

> 直訳は「材木の頭」。testa d'asino、testa di cavolo、testa di gesso、testa vuota も似た意味。

> Ma non si taglia così il formaggio, *testa di legno* !

> > チーズはそんな切り方じゃダメだ。愚か者！

✎ testa を使うその他の表現

avere la testa dura [quadra]：頑固である、融通がきかない。直訳は「固い［四角い］頭を持つ」。広義で、理解力に欠ける。
fare di testa propria：我を通す。直訳は「自分の頭でやる」。
levarsi [togliersi] dalla testa (qualcosa)：あきらめる、断念する。直訳は「自分の頭から取り去る」。
passare di testa：忘れる。
non avere la testa a posto：精神的に不安定である。直訳は「まともな頭でない」。比喩的に「変わり者、変人である」。

CAPITOLO 4

第 **4** 章

衣　類

VESTITI

l'abito non fa il monaco

《諺》外見よりも中身が肝心

> 直訳は「服装は修道士にしない」。abito はラテン語の *habitus*（修道士の服）に由来。また、中世に修道士の服を着てなりすます悪党がいたことに由来するという説もある。

> Quella ragazza indossa sempre vestiti vecchi e logori, ma in realtà proviene da una famiglia ricchissima. *L'abito non fa il monaco*!

>> あの女の子はいつも古くてボロボロの服を着ているけれど、本当はとても裕福な家庭の人だ。人は見かけによらないね！

prendere l'abito

聖職者になる

> 直訳は「服をつかむ」。gettare l'abito または gettare l'abito alle ortiche は反対に「聖職を辞める」という意味。

> Manfredi ha sempre avuto una forte vocazione religiosa e alla fine *ha preso l'abito*.

>> マンフレーディは以前から強く神の召命を受けていたため、最終的には聖職者になった。

attaccare (un) bottone

（長話をして）引き留める

> 直訳は「ボタンをつける」。本来は誰かの悪口を言うことを指していた。

> Quella chiacchierona di Vera mi *ha attaccato un bottone* che non finiva mai e così ho fatto tardi.

>> あのおしゃべりなヴェーラに引き留められて、長話が終わらなかったから、遅くなってしまった。

stare abbottonato

必要以上にしゃべらない

直訳は「ボタンをかけた状態である」。essere abbottonato も同じ意味。

Dai, non *stare* così *abbottonato*! Dimmi cosa sai sul conto del nuovo compagno.

黙っていないでよ！　新しいクラスメイトについて教えて。

✒ bottone を使うその他の表現

essere nella stanza dei bottoni：力がある。

CALZETTA　短い靴下

essere una mezza calzetta

腕が悪い

20 世紀初頭に女性用の靴下が開発されたが、高価であったことから、安価な mezze calzette（半分靴下）がナポリ地方で作られた。見えるところは絹、隠れるところは綿であったことからこの表現が生まれたという説がある。

Quel dentista *è una mezza calzetta*! Mi ha rovinato i denti invece di curarmeli.

あの歯医者は腕が悪い！　治療するどころか、歯をめちゃくちゃにされたよ。

CALZINO　靴下、ソックス

rivoltare (qualcosa) come un calzino

細かく調べる

直訳は「(〜を) 靴下のように裏返しにする」。

La polizia *ha rivoltato come un calzino* la casa del principale sospettato, ma non ha trovato niente.

警察は第一容疑者の自宅を細かく調べたが、何も見つからなかった。

CAMICIA　ワイシャツ、ブラウス

essere culo e camicia

（とても）仲が良い

直訳は「お尻とシャツである」。俗語表現。

Gina e Michela *sono culo e camicia*! Sono sempre insieme.

ジーナとミケーラはとても仲がいい。いつも一緒にいる。

nascere con la camicia
（とても）運がよい

直訳は「シャツを着て生まれる」。羊膜の一部が付着したまま生まれた子羊は幸運をもたらすとされていた。その羊膜がシャツに見えることから生まれた表現。

Carlo è *nato con la camicia*. Ha vinto di nuovo alla lotteria!

カルロはとても運がいい人だ。また宝くじに当たった！

ridursi in maniche di camicia
全財産を失う、貧乏になる

賭博で負けつづけ、自分の身に着けているものまでを賭け、最後はシャツだけを着ている状態から。

Si è ridotto in maniche di camicia, perché ha iniziato a fare rischiosi investimenti in Borsa.

市場で危険な投資を始めたことから、彼は全財産を失ってしまった。

✒ camicia を使うその他の表現

rimetterci [giocarsi] anche la camicia：（賭けで）全財産を失う。直訳は「7枚のシャツに汗をかく」。
sudare sette camicie：懸命に働く、苦労する。
vendersi la camicia：全財産を売りに出す。

CAPPELLO 帽子

levarsi tanto di cappello
脱帽する、感服する

far tanto di cappello や levarsi il cappello も同じ意味。

Ci leviamo tanto di cappello per come sei riuscita a concludere l'affare. Sei stata straordinaria!

あなたの取引の終え方には感服したよ。素晴らしかった！

✒ cappello を使うその他の表現

appendere il cappello al chiodo：（ひとつの場所に）居残る。直訳は「帽子を釘にかける」。

prendere cappello：腹を立てる、傷つく。腹を立てたり、傷ついたあとにその場から去るとき、帽子をとってから出ることから。

CAPPOTTO コート

fare cappotto
圧勝する

> （寒さを一切感じさせないコートのように）相手に1点も取られることなく勝利すること。dare cappotto も同じ意味。

> **Nessuno credeva che la squadra in trasferta potesse vincere e invece *ha fatto cappotto*.**
>
> ビジターチームが勝つとは誰も思っていなかったが、圧勝だった。

CINGHIA ベルト

stringere la cinghia
節約する

> つましい生活して痩せると、ベルトをもっと締めることから。tirare la cinghia も同じ意味。

> **Dopo il licenziamento del padre, la famiglia di Saverio ha dovuto *stringere la cinghia*.**
>
> 父親が解雇されたあと、サヴェーリオの家族はつましい生活を送らなければならなくなった。

CUFFIA 頭巾

cavarsela per il rotto della cuffia
（あやうく）災難を逃れる

> salvarsi per il rotto della cuffia や passare per il rotto della cuffia も同じ意味。

> **A causa di un guasto ai freni, la macchina stava per andare a sbattere, ma il guidatore è riuscito miracolosamente a**

fermarla *cavandosela per il rotto della cuffia.*

> ブレーキの故障で自動車が衝突するところだったが、運転手が奇跡的に車を停めて災難を逃れた。

FAGOTTO 包み

fare fagotto
旅立つ

> 直訳は「包みを作る（荷造りをする）」。

> Non mi trovo più bene qui con te. Domani *faccio fagotto* e cambio addirittura città!

> あなたとはもう一緒にいられない。明日には出て行ってやる！ 他の町へ行くわ！

FAZZOLETTO ハンカチ

fare [farsi] un nodo al fazzoletto
忘れないように努める

> 直訳は「ハンカチに結び目をつくる」。

> *Fate un nodo al fazzoletto* : il primo gennaio si aprono le iscrizioni.

> 忘れないようにしてね。1月1日から申し込みが始まるから。

FILARE 紡ぐ

fare filare
厳しさで従わせる

> 広義で「横暴である」「権威主義である」「独裁的である」。

> La nuova caposala *fa filare* tutti gli infermieri dell'ospedale.

> 新しい室長は病院の看護師たちを厳しさで従わせている。

filarsela
立ち去る、姿をくらます

filarsela は fil⋯ ⋯ で「網を素早く滑らせ
る」という意⋯ ⋯ その後、拡張して現在の
意味になっ⋯

Quando h⋯ ⋯ prestassi ancora
dei soldi, ⋯

　ルーチョか⋯

私は急いで姿を消した。

✒ filare を使う⋯

andare [torna⋯ ⋯る]。filato は filare の過去
　分詞。
Fila! : 消え失せ⋯
filare (con qu⋯

複数形の場合 Filate!

注文数

部

発行所　白水社

よく使うイタリア語の慣用句1100

定価 3080円
（本体2800円＋税10%）

月　日

dare del filo⋯

やっかいな人で⋯

　直訳は「よ⋯

Lillo è un⋯ ⋯ l filo da torcere,
perché n⋯ ⋯ ue domande.

　リッロは⋯ ⋯に答えるのは難しいからやっ
　かいでも⋯

essere appe⋯

風前の灯火であ⋯

　直訳は「糸⋯

Dopo il brutto incidente di ieri, la vita di quel pilota *è appesa a
un filo*.

　昨日のひどい事故のあと、あのパイロットの命は風前の灯火だ。

fare il filo (a qualcuno)

（〜を）口説く

　Il tuo amico *ha fatto il filo* a mia sorella per tutta la sera.

　　君の友達は私の妹を一晩中口説いていた。

per filo e per segno
正確に、こと細かに

> 建具屋が木を切断す　　　　　　　　　　　　ていたことから。

Devi seguire *per* 　　　　　　　　　　　libretto delle istruzioni.

> 取扱説明書の指示に

perdere il filo
脈絡を失う

perdere il filo del disc

**Stavo raccontand　　　　　　　　　nterrompeva sempre e così *ho* 　**

> 事故について叔母に　　　　　　　　　　　絡を失った。

売上カード

ISBN978-4-560-08919-4　C3087　¥2800E

よく使うイタリア語の慣用句1100

発行所　白水社

定価3080円
（本体2800円+税10%）

GAB

voltar gabbana
（都合のいいように簡単に）

> 逃亡兵が変装の代わ　　　　　　　　とから。**essere un voltagabbana** も同

Non pensavo che 　　　　　　　*bana* in questo modo. Trad

> こんなふうに簡単に心　　　　　　　　　　　　!

GHINGHERI　しゃれた身なり

mettersi in ghingheri
派手な服装で

> ghingheri はこの表現でしか使わない単語。皮肉的に使う。**tutto in ghingheri** も同じ意味。

Guarda Veronica come *si è messa in ghingheri* per la cerimonia di laurea. Forse ha esagerato un po'!

> 卒業式のためにおめかししたヴェローニカを見て。やりすぎじゃないかな。

calzare come un guanto

（手袋のように）ぴったり合う

服装や人のあだ名などに対して言う。stare come un guanto も同じ意味。

Questo abito da sera ti _calza come un guanto_.

このドレスはあなたにぴったりよ。

raccogliere il guanto

挑戦を受けて立つ

昔は決闘に挑む際に手袋を投げ捨てていたことから。gettare il guanto も同じ意味。

Fabiano mi ha provocato davanti a tutti, ma io non _ho raccolto il guanto_, anche se non lo sopporto.

ファビアーノはみんなの前で私を挑発してきた。私は彼のことが好きではないが、挑戦を受けなかった。

trattare con i guanti (bianchi)

（〜を）丁重に扱う

Tuo fratello è spesso di cattivo umore e ci tocca sempre _trattar_lo _con i guanti_.

あなたのお兄さんは機嫌が悪いことが多いから、いつも丁重に扱わなければならない。

✒ guanto を使うその他の表現

rivoltare come un guanto：細かく調べる。

essere di manica larga

他人に甘い

昔の服は着衣したまま縫製し、就寝する際も脱ぐことができなかったが、袖だけが取りはずし可能だった。貴族は袖に宝石を飾り、袖の大きさで財力を示していた。

Quel professore *è di manica larga*. È difficile che dia un brutto voto agli studenti.

あの教授は学生に甘い。悪い成績をつけることはあまりない。

essere di manica stretta
厳格である、けちである

Il padre di Paolino *è di manica stretta*. Non gli dà mai la paghetta settimanale* e lui è sempre senza soldi.

パオリーノの父親はとても厳しい。毎週のお小遣いをあげていないから、パオリーノはいつもお金がない。

* paghetta settimanale = 毎週のお小遣い。

essere un altro paio di maniche
現状が変わる、別問題である

昔は貧しくて服が買えないとき、袖だけを取り換えていたことから。また、恋人同士は袖を交換し合う風習があったことに由来するという説もある。**essere tutto un altro paio di maniche** は同じ意味、類似の表現に **essere tutta un'altra storia** がある。

Avevo deciso di declinare l'invito di Mariangela, ma se mi dici che alla cena ci sei anche tu, *è un altro paio di maniche*. In questo caso, accetterò volentieri.

マリアンジェラのお誘いを断ろうと思っていたけれど、食事にあなたも来るのなら話が違う。その場合、喜んで行くよ。

essere una manica di ...
信用できない集団・グループ

泥棒や悪党などに対して使うことが多い。

Quegli operai *sono una manica di* fannulloni! Si fermano ogni cinque minuti per chiacchierare.

あの作業員は怠け者の集団だな！5分おきに手を止めておしゃべりしている。

rimboccarsi le maniche
（苦労を覚悟して）精力的に働く

直訳は「袖をまくる」。災難に遭ったり、金銭的な事情により、再出発しなければならない場合に用いる。類義の表現に darsi da fare がある。

Dopo la grande alluvione dello scorso anno, i cittadini *si sono rimboccati le maniche* e hanno ripulito la zona da fango e detriti.

昨年の大きな洪水のあと、市民は精力的に働き、泥や漂流物を取り、一帯をきれいにした。

✑ manica を使うその他の表現

dare la mancia：チップを出す。mancia（チップ）は manica（袖）の省略形。昔は袖の上に宝石などをする風習があり、貴婦人が決闘の優勝者に袖の下から賞金を与えていたことから。

essere nella manica (di qualcuno)：（〜に）優遇してもらっている。

essere una mezza manica：質の悪い従業員である。直訳は「半分の袖である」。複数形 **essere delle mezze maniche** とも言う。昔は服を汚さないよう、袖の上からアームカバーをしていたことから。

MATASSA 糸かせ

dipanare la matassa

問題を解決する

直訳は「糸かせを巻き取る」。sbrogliare la matassa も同じ意味。反対の意味の表現に imbrogliare la matassa がある。

Cerchiamo tutti insieme di *dipanare la matassa,* perché io di questa situazione non ho capito niente.

私はこの状況について何もわからなかったので、みんなで解決しましょう。

trovare il bandolo della matassa

問題解決の糸口を見つける

bandolo は糸口のこと。cercare il bandolo della matassa も同じ意味。反対の意味の表現に perdere il bandolo della matassa がある。

Questa situazione così intricata mi lascia perplessa. Devo ragionarci su per *trovare il bandolo della matassa*.

この状況はあまりにも複雑で困惑している。問題解決の糸口を見つけるにはじっくり考えねばならない。

restare in mutande

全財産を失う

> 直訳は「パンツ一枚になる」。賭博などで財産を失うことを指す。rimetterci anche le mutande も同じ意味。

Ho conosciuto un signore che ha sperperato tutti i suoi soldi fino a ***restare in mutande***.

> 浪費しすぎて全財産を失った男性と知り合った。

lavare i panni sporchi in famiglia

内輪で解決する

> 直訳は「汚れた服地を家庭で洗う」。lavare i panni sporchi in casa も同じ。

Non avresti dovuto raccontare a tutti che abbiamo deciso di lasciarci. ***I panni sporchi si lavano in famiglia***!

> 君は私たちが別れたことをみんなに話すべきではなかった。内輪で解決するのが筋だ！

mettersi nei panni (di qualcuno)

(〜の) 身になって考える

> 直訳は「他人の服地を着る」。

Mettiti nei miei ***panni***: cos'altro avrei potuto fare se non andarmene, dopo che mi sono state dette quelle cose terribili?

> 私の身になってみて。あんなひどいことを言われたら、その場を去る以外に何ができたと言えるの？

non stare più nei propri panni

(喜びのあまり) いても立ってもいられない

> 着ている服の中に体が収まらなくなるような喜び。

Non sto più nei miei panni da quando ho saputo che ho vinto la borsa di studio.

奨学金をもらえると知ったときから、いても立ってもいられなくなった。

non volere essere nei panni (di qualcuno)

（〜の）立場になりたくない

> 直訳は「（〜の）服地を着たくない」。

> ***Non vorrei essere nei*** suoi ***panni*** adesso che hanno ipotecato la sua casa.

> 自宅を抵当に入れられてしまった彼の身にはなりたくない。

✒ panno を使うその他の表現

lavare i panni in Arno：文章にフィレンツェ方言の特徴をつける。直訳は「アルノ川で服を洗う」。

tagliare i panni addosso (a qualcuno)：（〜を）中傷する。直訳は「人が着ている服を切る」。

PANTALONI ズボン

portare i pantaloni

（女性が）権力をもつ

> 直訳は「ズボンをはいている」。男性だけが履いていた時代、ズボンは権力の象徴であったことから。**portare i calzoni** も同じ意味。

> Nella famiglia di Maria è lei che ***porta i pantaloni***.

> マリーアの家では彼女が一家の大黒柱だ。

✒ pantaloni を使うその他の表現

prendere (qualcuno) per il fondo dei pantaloni：（〜を）だます。落とし穴に入れる。直訳は「ズボンの底で（〜を）捕まえる」。

SCARPA 靴

appendere le scarpe al chiodo

引退する

直訳は「釘で靴を吊るす」。剣闘士が自由を得た際、ヘラクレスに建てられた神殿の壁に武器を飾る習慣に由来する。attaccare le scarpe al chiodo も同じ意味。

A : Ti trovo molto ingrassato. Cosa ti è successo?

B : Da quando *ho appeso le scarpe al chiodo*, ho iniziato a prendere peso.

> A：太ったようだけど、何かあったの？
>
> B：引退してから、太り始めちゃったんだよ。

avere il giudizio sotto la suola delle scarpe
分別がない

直訳は「分別が靴底の裏にある」。

Come hai fatto a non capire che ti stavano imbrogliando？！
Hai il giudizio sotto la suola delle scarpe！

> どうしてあなたは彼らにだまされていることに気づかなかったんだ？　わからない人だな。

essere una scarpa
無能である

Quell'architetto *è una scarpa*：si è dimenticato di inserire in cucina la porta che consente di accedere al giardino.

> あの建築家は無能だ。庭へ通じるドアを台所につけるのを忘れた。

fare la scarpetta
ソースにパンをつけて食べる

直訳は「小さい靴をする」。

A mio figlio piace *fare la scarpetta* con il sugo della pasta che rimane nel piatto.

> 息子はお皿に残ったパスタのソースにパンをつけて食べるのが大好きだ。

fare le scarpe (a qualcuno)
（〜を）策略にはめる

主に職場などで誰かの座を奪い取る場面で用いる。

Il collega di Maurizio gli *ha fatto le scarpe*: prima si è dichiarato suo amico e poi l'ha tradito in quel modo.

> マウリーツィオの同僚が彼を策略にはめた。最初は友情を公言しておきながら、あとであのように裏切った。

rimetterci anche la suola delle scarpe

（うまくいくと考えていた事業が）倒産する

> 直訳は「靴底までも失う」。広義で「無駄骨を折る」。

Ho fatto un investimento sbagliato e *ci ho rimesso anche la suola delle scarpe*.

> 間違った投資をしてしまい、倒産した。

togliersi i sassolini dalle scarpe

（打ち明けることによって）重荷から解放される

> 直訳は「石ころを靴から取る」。靴の中に入った石ころをとったときの解放感に由来する。togliersi qualche sassolino dalle scarpe も同じ意味。

Ieri ho parlato con Luisa e, rivelandole il segreto, *mi sono tolta i sassolini dalle scarpe*.

> 昨日、ルイーサと話して、秘密を打ち明けたことによって、重荷から解放された。

✒ scarpa を使うその他の表現

essere una scarpa e uno zoccolo [una ciabatta]：合わないカップルである。直訳は「靴とサンダル（スリッパ）である」。

lustrare le scarpe (a qualcuno)：（～に）媚びる、（～と比べて）能力に欠ける。直訳は「（～の）靴を磨く」。

morire con le scarpe ai piedi：急逝する、不慮の死を遂げる。

SOTTANA スカート、女性用下着

essere attaccato alla sottana della mamma

（大人になっても）母親に依存している

> 直訳は「ママのスカートにしがみついている」。stare attaccato alle sottane della mamma や essere attaccato alle gonne della mamma も同じ意味。

Il tuo fidanzato è un indeciso ed *è attaccato alle sottane della mamma*. Non è il caso che tu lo sposi!

> あなたの婚約者は優柔不断で母親依存だ。結婚するべきではない。

✒ sottana を使うその他の表現

correre dietro le sottane：どの女性も口説く。直訳は「スカートを追って走る」。

<hr>

STIVALE ブーツ

dei miei stivali
役に立たない

主に仕事の資格などに対して言う。

Avvocato *dei miei stivali*! Mi hai fatto perdere la causa!

> 役に立たない弁護士だ！ 訴訟に負けたではないか！

✒ stivale を使うその他の表現

ungere gli stivali：(〜に) 媚びる。直訳は「ブーツに油を塗る」。

<hr>

STOFFA 布地

avere la stoffa
才能がある

フランス語の *avoir l'étoffe*「素質がある」(*étoffe* は布地、素質) に由来する。

***Hai la stoffa* del campione, ma ti devi impegnare di più se vuoi continuare a vincere.**

> チャンピオンになれる素質はあるけれど、ずっと勝ちつづけるためにはもっと頑張らなければならない。

essere della stessa stoffa
性格がそっくりである

直訳は「同じ布地でできている」。

Tu e tuo padre *siete della stessa stoffa*: due gran testardi!

> あなたは父親とそっくりだ。2人ともとても頑固だ！

alzare i tacchi

（そそくさと）立ち去る

> 直訳は「ヒールを上げる」。かかとを上げて方向転換することから。

> La zuffa tra quei due ragazzi si sta trasformando in rissa. Forse è meglio ***alzare i tacchi***, se non vogliamo essere coinvolti.
>
> あの2人の言い合いは喧嘩になりそうだ。巻き込まれる前に立ち去ったほうがいい。

✒ tocca を使うその他の表現

battere i tacchi：（誰かの指示に）迅速に従う。直訳は「かかとを鳴らす」。
girare sui tacchi：（悪い意味で）その場を去る、心変わりする。日本語の「踵を返す」。

━━━━━━━━ **TASCA** ポケット ━━━━━━━━

averne piene le tasche

（ポケットの中に十分持っているので）うんざりしている

> **averne piene le scatole** も同じ意味。

> ***Ne ho piene le tasche*** delle tue lamentele!
>
> あなたの愚痴にはうんざりだ！

conoscere (qualcosa) come le proprie tasche

（自分のポケットの中のように）熟知している

> A : Sei mai stata a casa di Raimondo?
>
> B : Come no! La ***conosco come le mie tasche***.
>
> A：ライモンドの家に行ったことある？
>
> B：もちろんだ。隅々まで知っているよ。

fare i conti in tasca (a qualcuno)

（他人の）ふところ具合を詮索する

> La smetti di ***far*** mi ***i conti in tasca***? Ti ho già detto che questo mese non mi bastano i soldi per fare un viaggio!

私のふところ具合を詮索するのはやめてくれない？　旅行をするお金なんて持っていないって言ったでしょう。

rimetterci di tasca propria

（他人の）問題に巻き込まれる

Ho cercato di giustificare il cattivo comportamento di Giacomo, ma *ci ho rimesso di tasca mia*, perché la professoressa ha sospeso anche me.

ジャーコモの間違った行動を正当化しようとしたけれど、先生は私も停学にして巻き添えを食らってしまった。

🖋 tasca を使うその他の表現

avere le lacrime in tasca：涙もろい。直訳は「ポケットに涙がある」。

mettersi in tasca qualcuno：（権力を与えられても）ものおじしない。直訳は「ポケットに何かを入れる」。

rivoltare le tasche：（手持ちの）金を使い果たす。直訳は「ポケットを裏返す」。

rompere le tasche：（邪魔をして〜を）うんざりさせる。

VELO　ヴェール

stendere un velo pietoso

あえて口にしない

直訳は「慈悲深いヴェールを敷く」。「闇に葬る」に似ているが、犯罪などには使わない。冗談交じりでも言う。calare un velo pietoso も同じ意味。

A : Hai visto che figuraccia ha fatto Mirco, ieri?

B : *Stendiamo un velo pietoso*!

A：ミルコが昨日みっともないことをしたところを見たかい？

B：それについてはふれないであげよう。

🖋 velo を使うその他の表現。

far cadere il velo dagli occhi：真相を理解させる。直訳は「目からヴェールを落とす」。

prendere il velo：修道女になる。**prendere l'abito**（p. 118）の女性バージョン。

in veste di

（〜の）役目として

> L'ambasciatore è qui *in veste di* portavoce del suo Paese.
>
> 大使は自国を代弁する役目で来ている。

✒ veste を使うその他の表現

stracciarsi le vesti：悲嘆にくれる。直訳は「服を引き裂く」。

tagliare la veste secondo il panno：力量に合った行動をする。直訳は「布地に合わせて服を切る」。

CAPITOLO 5

第 5 章

宗教・神話

RELIGIONE & MITOLOGIA

宗教に関する単語を使う表現

ALTARE, ALTARINI 祭壇

mettere sugli altari (qualcuno)
（〜を）賛美する

> 直訳は「(〜を) 祭壇の上に置く」。

> Non capisco perché tu *metta* sempre *sugli altari* la tua amica Serena. A me non sembra così speciale.
>
> あなたがいつもセレーナをほめたたえる理由がわからない。私には彼女がそれほど特別に思えない。

scoprire gli altarini
秘密を明らかにする

> 直訳は「祭壇の覆いをとる」。修理費を支払えない教会が、壊れた祭壇を掛け布で覆っていたことから。

> Vediamo di *scoprire gli altarini* : perché oggi hai marinato la scuola*?
>
> はっきりさせようではないか。どうして今日は学校をさぼった？

> * marinare la scuola = 学校をさぼる

✐ altare を使うその他の表現

andare all'altare：結婚する。カトリック教会の結婚式は祭壇の前で挙げられることから。

cadere [passare] dall'altare alla polvere：(高い立場から) 低い立場へ下がる。

ANGELO, ANGIOLETTO 天使

discutere sul sesso degli angeli
無駄な議論をする

> 直訳は「天使の性別について議論する」。カトリックの歴史ではかつて、天使の性別について激しい議論が交わされ、分裂や戦争の原因ともなった。

> Non ho intenzione di continuare a *discutere sul sesso degli angeli* ! Prendiamo una decisione definitiva e concludiamo la

riunione.

無駄な口論を続ける気はない。決議をとって会議を終わらせよう。

dormire come un angioletto
（気持ちよく）ぐっすり眠る

A : Sai dov'è Salvo?

B : Sì. È nella sua camera e sta *dormendo come un angioletto*.

A：サルヴォがどこにいるか知っている？

B：うん、自分の部屋で気持ちよくぐっすり眠っているよ。

essere l'angelo custode (di qualcuno)
（〜の）守護神である

直訳は「（〜の）守護天使である」。カトリックでは、人には生まれるときから守護天使がつき、一生守られる。皮肉的に「ボディーガードである」の意味もある。

Perché non lasci uscire Flavia da sola, qualche volta?! Non *sei* mica *il suo angelo custode*!

どうしてたまにはフラーヴィアをひとりで出かけさせないの？　ボディーガードでもあるまいし。

essere un angelo
優しい、温厚である

A : Tieni. È il mio biglietto per il concerto di Tiziano Ferro*.
Mi hanno detto che non sei riuscita a comprarlo e so che
adori questo cantante.

B : Davvero?! *Sei un angelo*! Grazie!

A：ティツィアーノ・フェッロのコンサートチケットをあげるよ。彼の大ファンなのにチケットを手に入れられなかったって聞いたからさ。

B：本当？　優しいね、ありがとう！

* Tiziano Ferro はイタリアのシンガーソングライター。〈Sere nere〉などが有名。

darsi anima e corpo (a qualcosa)

（～に）身も心も捧げる

> Se ti *dai anima e corpo* allo studio dell'astrofisica, diventerai un bravissimo astronomo.
>
> 天体物理学の勉強に徹底的に打ち込めば、優秀な天文学者になれるよ。

essere un'anima in pena

（不安や心配などで）苦悩する

> 直訳は「苦悩する魂である」。天国に行けることを待つ煉獄の魂のように苦しむという意味。
>
> Da quando ha saputo che la sua ex fidanzata sta per sposarsi, *è un'anima in pena*.
>
> かつての恋人が結婚すると聞いたときから、ひどく苦しんでいる。

giocarsi l'anima

全財産を賭ける

> 直訳は「魂を賭ける」。scommettere l'anima も同じ意味。
>
> *Mi gioco l'anima* che Agostino non si presenterà all'appuntamento con Carla.
>
> アゴスティーノがカルラとの約束には現れないことに、全財産賭けてやる。

non esserci anima viva

ひとけがない

> Ma dove siamo finiti ?! In questo paesino *non c'è anima viva* !
>
> ここはいったいどこ？　この村にはまったく人の気配がない！

✒ anima を使うその他の表現

all'anima! ：驚いた！　驚きや感嘆を意味する間投詞。

dannarsi l'anima ：（自分の目的のために）苦難や試練に立ち向かう。直訳は「魂を地獄に落とす」。「悪魔との契約」を結ぶと、死後の魂の代わりに願望を叶えてもらえることから。

mettersi l'anima in pace：(叶わぬものを) あきらめる、(損失など) ネガティブな
ことを受け入れる。直訳は「魂を平和にする」。

rompere l'anima (a qualcuno)：(〜を) うるさがらせる、邪魔する。

stare sull'anima (a qualcuno)：(〜に) 不快感を抱かせる。

ANTIFONA 詩篇交誦

capire l'antifona
(他人が言わんとすることを) 察する

> antifona は教会の聖歌隊が歌う詩篇のこと。神の教えを歌に乗せていること
> から。

> Non mi ha detto apertamente che non mi vuole vedere, ma io
> *ho capito l'antifona* e adesso non la chiamo più.

> > 会いたくないとは言われなかったけれど、そうと察したから今はもう彼女と連絡
> > をとっていない。

BABILONIA バビロニア

essere una Babele [Babilonia]
(騒々しく) 混乱している

> ギリシャ語「バビロニア」とラテン語「バベル」はいずれも「バベルの塔」と
> して知られる神話の地名。神がバベルの人々が通じ合わない言葉を話させ
> るようにしたことから、混乱の比喩として用いられるようになった。

> Questa riunione *è una Babilonia*：tutti parlano allo stesso
> tempo e non si capisce niente.

> > この会議は騒々しく混乱している。みんなが同時に喋るので何もわからない。

✒ Babele を使うその他の表現

torre di Babele：(解決が困難な) 混乱した状況。

BATTESIMO 洗礼

avere [ricevere] il battesimo del fuoco
(ある事柄について) 初めて大きな経験をする

直訳は「炎の洗礼を受ける」。日本語の慣用句「洗礼を受ける」と同じ意味。
ricevere il battesimo dell'aria は「初めて飛ぶ」。

Oggi, Lucio ha fatto la sua prima presentazione a
un'associazione di studi e *ha ricevuto il battesimo del fuoco* : gli
hanno fatto tantissime domande alle quali ha risposto con
gran fatica.

今日、ルーチョは初めて学会でプレゼンテーションをして洗礼を受けた。質問の
嵐に苦労しながら答えた。

✒ battesimo を使うその他の表現

tenere a battesimo (qualcuno [qualcosa])：洗礼式の代父（代母）になる。比喩
的に「（組織などの）設立に立ち会う」。

BENEDIRE　祝福を与える

andare a farsi benedire
没落する、破滅する

Anche questa lampadina *è andata a farsi benedire* : non
funziona più.

この電球はだめになったな。もうつかない。

mandare (qualcuno) a farsi benedire
（～を）やっかい払いする

直訳は「（～を）祝福させる」。mandare al diavolo (p.149参照)、mandare
all'inferno も同じ意味。

Serena non faceva altro che vantarsi dei suoi voti e alla fine i
suoi amici *l'hanno mandata a farsi benedire*.

セレーナは自分の成績を自慢してばかりいたから、最後には友達に邪険にされた。

BENEDIZIONE　祝福、祝福式

essere una benedizione
（思いがけない）幸運である

essere una manna も同じ。essere una maledizione は反対の意味。

Per te, trovare quel lavoro *è stata una benedizione*, perché adesso sei indipendente e inoltre sei circondata da tanti colleghi simpatici.

あなたがこの仕事を見つけたのは思いがけない幸運だったね。今では自立して、良い同僚に恵まれている。

CALVARIO　ゴルゴダの丘

essere un calvario
苦痛である、苦難である

Calvario はキリストの受難の場となった丘。essere la via crucis も同じ意味。

A volte, la ricerca di un lavoro *è un calvario*. Infatti, bisogna sottoporsi a moltissimi colloqui.

ときには求職活動が苦痛になる。たくさんの面接を受けなければならない。

CERTOSINO　カルトゥジオ会修道士

essere un lavoro da certosino
根気のいる仕事である

直訳は「カルトゥジオ会修道士の仕事である」。カルトゥジオ会修道士の細密画はとても丁寧で細かかったことから。avere una pazienza da certosino も似た意味。

Trascrivere tutte le presenze degli studenti dal registro cartaceo al programma del computer *è un lavoro da certosino*.

学生たちの出欠を記録簿からパソコンのシステムに登録するのは、根気のいる仕事だ。

CIELO　空、天

apriti cielo !
驚いた！

直訳は「天よ、開け！」。突然で強烈な出来事が起きたときの感嘆句。ギリシャ神話では、神々が雷で地を打つ際、天が開けるとされる。

Il centro prevenzione del cancro al seno è stato eliminato dall'elenco dei servizi attivi del policlinico della città. E *apriti cielo*! La protesta delle pazienti non si è fatta attendere.[*]

乳がん予防センターが街の総合病院のサービスからはずされた。そして驚いた！患者たちの抗議がすぐ始まった。

[*] La Repubblica 紙からの引用 (Palazzo Baleani, vincono le donne "Salvo il nostro centro anti-cancro", 2019 年 11 月 1 日)

aspettare (che piova) la manna dal cielo

（苦労せずに）天からの恵みを待つ

直訳は「空からマナが降ってくることを待つ」。マナとは、旧約聖書でイスラエルの民が天から授かったとされる食糧のこと（数記 1 章 4-9 節）。essere una manna は「天からの恵みである」「待ってもいなかった幸運である」。たとえば、突然手に入る富や苦労せず収益が出ることなどを指す。

A : Tua sorella ha poi trovato il lavoro che cercava ?

B : Mah, dice sempre che lo sta cercando, ma a me non sembra che si stia sforzando molto. *Aspetta* (*che piova*) *la manna dal cielo* !

A：その後あなたのお姉さんは仕事を見つけられた？

B：いつも探しているって言うけれど、それほど頑張っているように見えない。天からの恵みを待っているだけだ。

essere al settimo cielo

幸福の絶頂にある

直訳は「7 つ目の空に舞い上がる」。プトレマイオスの天文学で地球は 7 つの空に囲まれており、7 つ目の空の先は神の世界であることから。salire al settimo cielo、toccare il cielo con un dito も同じ意味。

I bambini *erano al settimo cielo*, quando hanno saputo che la mamma avrebbe regalato loro un cucciolo.

母親が子犬をプレゼントしようとしていたことを知ったとき、子どもたちは大喜びだった。

✒ cielo を使うその他の表現

non stare né in cielo né in terra：ありえない。直訳は「天にも地にもない」。推理、要求、行動などに対して言う。

con tutti i crismi
手ぬかりなく

> 聖香油はカトリック教会の儀式で使われることから、公認の象徴となった。

Dovete lavorare a questa ricerca *con tutti i crismi*. Non ammetto errori!

> この研究のためには手ぬかりなく働かなければならない。ミスは許されない！

non c'è Cristo che tenga
（決定していて）変えることができない

> 直訳は「キリストさえできることがない」。non c'è Cristo も同じ意味。

Viola ha deciso di interrompere gli studi e *non c'è Cristo che tenga*. Che peccato!

> ヴィオーラは休学を決めて、もう変えることはできない。残念だ。

✒ Cristo を使うその他の表現

essere un povero Cristo：哀れである。ゴルゴダの丘へ向かうキリストの姿が人々を同情させたことに由来。金銭問題に悩む人などに対して言う。

prendere [mangiare] quel che passa il convento
与えられたもので満足する

> 直訳は「修道院で渡されたものをもらう」。教会のチャリティーなどでホームレス支援のため無料で配られる食事を文句言わずにありがたくもらうことから。

Non fare il capriccioso e mangia ciò che ti ho preparato! Anche perché se non *prendi quel che passa il convento*, rimarrai senza cena.

> わがままを言わずに、作ってあげたものを食べなさい！　与えられたもので満足しなければ、夕飯はなしだ。

essere la croce (di qualcuno)

試練である、苦労させられる

> 直訳は「(誰かの) 十字架である」。

Quello studente *è la mia croce* : non studia mai!

> あの生徒には苦労させられる。いつも勉強してこない。

farci [metterci] una croce sopra

断念する

> 直訳は「十字架を上にかけておく」。墓には十字架を立てることから。

Samuele? *Ci ho fatto una croce sopra*, dopo che mi ha offesa in quel modo.

> サムエーレ？ あんなふうに侮辱されてからは、彼のことは忘れることにした。

Su quel luogo di villeggiatura *ci ho messo una croce sopra*. È troppo caro!

> 休暇を過ごすためのあのコッテージはあきらめたよ。高すぎる！

mettere in croce (qualcuno)

(〜を無理な要求で) 悩ませる、うるさがらせる

> 直訳は「(〜を) 十字架にかける」。

La smetti di *mettere in croce* tua madre?!

> あなたの母親を悩ませるのはやめてちょうだい。

non sapere mettere due parole in croce

口数が少ない、口下手である

> 直訳は「十字架に 2 つの言葉をかけることができない」。

All'interrogazione Alessia *non ha saputo mettere due parole in croce* e la professoressa le ha dato un brutto voto.

> 口頭試問でアレッシアは口数が少なく、先生は悪い点数をつけた。

🖊 croce を使うその他の表現

abbracciare la propria croce：（不運や悲しい出来事を）抵抗せず受け入れる。
直訳は「自分の十字架を抱く」。

dare [gettare] la croce addosso (a qualcuno)：（他人の）罪をとがめる。直訳は
「（人の）身に十字架を投げる」。

farsi il segno dalla croce：（誘惑に負けぬよう）神々に救いを求める。直訳は「十
字を切る」。行為自体は悪魔払いのジェスチャーでもある。

<hr>

DIAVOLO 悪魔

abitare a casa del diavolo

へんぴな場所に住む

直訳は「悪魔の家に住む」。似ている表現だが、**il diavolo non ci andrebbe** は
「へんぴな場所である」という意味。

Se tu non ***abitassi a casa del diavolo***, ti verrei a trovare più
spesso.

あなたがこんなに不便で遠いところに住んでいなければ、もっと頻繁に会いに行
くのに。

avere il diavolo addosso

落ち着きがない、悪魔にとりつかれている

直訳は「体の中に悪魔がいる」。**avere il diavolo in corpo** でも同じ。悪魔に
とりつかれた人は、自分の中から何かを逃がしたいかのように体をねじる
ように見えたことから。

Sandra ***ha il diavolo addosso***, perché non ha ancora terminato
il suo libro e la scadenza della consegna si avvicina.

サンドラはまだ原稿を終えておらず、期限が近づいているため、落ち着きがない。

Ma sta' un po' fermo! Sembra che tu ***abbia il diavolo in corpo***.

じっとしてくれない？　まるで悪魔に取りつかれているようだよ。

avere un diavolo per capello

（ひどく）機嫌が悪い

直訳は「髪の毛の代わりに悪魔が生えている」。髪を悪魔に引っ張られてい
るかのように怒り狂う姿から。とても忙しいときにも使うことがある。

Mia madre *ha un diavolo per capello*, perché ha perso le chiavi.

母は鍵を失くしたので、ひどく機嫌が悪い。

avere una fretta del diavolo

（とても）急いでいる

del diavolo は多くの表現に使われ、意味を誇張してネガティブにする。un freddo del diavolo、una sete del diavolo とも言う。

Scusami, ma ne possiamo riparlare un'altra volta? *Ho una fretta del diavolo*.

悪いけれど、また今度話さない？　とても急いでいるんだ。

essere come il diavolo e l'acqua santa

仲が悪い

直訳は「悪魔と聖なる水のようである」。古代ローマでは、聖なる水は魔除けにも使われていたことから。andar(e) d'accordo come il diavolo e l'acqua santa、essere come il diavolo e la croce も同じ意味。

Da quando quei due giocatori hanno litigato, *sono come il diavolo e l'acqua santa*.

2人の選手は、喧嘩してから犬猿の仲である。

il diavolo ci ha messo la coda

（物事が）うまくいかない

直訳は「悪魔が尻尾を入れた」。悪魔が手（尻尾）を出したように物事がうまくいかない。語順は変わらないが、動詞の時制が変わることはある。このほか la coda del diavolo を含む表現には sapere dove il diavolo tiene la coda（悪事に精通している）、tirare il diavolo per la coda（貧しい、賄賂に手を出しやすい）。後者は、貧しい人はお金のためなら悪魔にでも魂を売るとされることから。

A : Sei riuscita a ottenere quel lavoro cui tenevi tanto?

B : Macché! Pare che *il diavolo ci abbia messo la coda*.

A：あれほど欲しかった仕事は手に入れられたかい？

B：とんでもない。どうもうまくいかないよ。

fare il diavolo a quattro

必死になる、大騒ぎをする

直訳は「悪魔を4つにする」。中世に行われていた教会劇では、罪人を懺悔に追い込むため、天使や聖人のほかに悪魔が4人登場していたことから。fare il diavolo e la versiera も同じ意味。versiera とは女性の悪魔、鬼女。versiera の語源は avversario (敵、相手)。

Gemma *ha fatto il diavolo a quattro* e così è riuscita a ottenere il permesso dai suoi genitori per andare in vacanza con il suo ragazzo.

ジェッマは必死に親を説得して、恋人と旅行に行く許可を得ることができた。

Oggi, gli alunni *fanno il diavolo a quattro* e la maestra non sa come calmarli.

今日、生徒たちは大騒ぎをしていて、先生は落ち着かせることができない。

fare l'avvocato del diavolo

（故意に反対して）相手の弱点を突く

直訳は「悪魔の弁護をする」。カトリックにおいて、亡くなった人が聖人としてふさわしいかを判断する列聖調査では、「神の代弁者」(*advocatus Dei*) に加え、あえて反論する役割の「悪魔の代弁者」(*advocatus diaboli*) を立てることに由来する表現。fare la parte del diavolo も同じ意味。

Ma perché devi *fare* sempre *l'avvocato del diavolo* ?! Credimi, ti ripeto che è andata così.

どうしていつもわざと反論して弱点を突くの？　本当にこうだったの、信じて。

mandare al diavolo (qualcuno)

（〜を）やっかい払いする

直訳は「悪魔のところに（〜を）送る」。mandare all'inferno も同じ意味。

Quando Nico ha cercato di raggirarmi con quelle stupide bugie, *l'ho mandato al diavolo*.

ニコがあんなばかげた嘘で私を欺こうとしたので、彼を追い払ってやった。

saperne una più del diavolo

ずるがしこい

直訳は「悪魔よりかしこい」。dare dei punti al diavolo、saperla lunga も似た意味。

Quel politico *ne sa una più del diavolo*! Ha avanzato una proposta di legge che, se verrà accettata, agevolerà il suo partito.

あの政治家はずるがしこい。もし提案した法案が通れば、自分の党が有利になる。

✎ diavolo を使うその他の表現

essere un buon diavolo：謙虚である。
essere un povero diavolo：哀れである。
fare un patto con il diavolo：魂を悪魔に引き渡す（代わりに富や出世、若さを手にする）。**scendere a patti con il diavolo** も同じ。
il diavolo non è così brutto come lo si dipinge：《諺》近くで見るとそれほど悪くない。直訳は「描かれているほど悪魔は醜くない」。
parlare del diavolo e non menzionare le corna：都合の悪いことをわきに置いて話す。直訳は「悪魔の話をして、角の話はしない」。一方、**si parla del diavolo e spuntano le corna** は誰かの噂をするタイミングでその人がちょうど現れたときに用いる。直訳は「悪魔の話をすると角が現れる」。

<hr>

DIO　神

come Dio comanda

（神が命じた通りの）完璧な、申し分のない

Da Guido e Valentina abbiamo pranzato *come Dio comanda*.

グイードとヴァレンティーナのところで完璧な昼食をいただいた。

costare un'ira di Dio

値段が高すぎる

直訳は「神の怒りほど高い」。fare un'ira di Dio は「怒りを爆発させる」という意味。

Questo maglione *costa un'ira di Dio*!

このセーターは高すぎる！

essere un castigo di Dio

やっかいな人である

直訳は「神の罰である」。皮肉っぽく用いることが多い。

Gino *è un castigo di Dio* : non c'è un giorno in cui non si lamenta o crea scompiglio tra gli amici.

ジーノはやっかい者だ。文句を言ったり、友達の間で問題を起こしたりばかりだ。

stare da Dio

（神になったかのような）至福のひとときを過ごす

In Sicilia, l'estate scorsa, *siamo stati da Dio* : il mare era stupendo e inoltre abbiamo mangiato benissimo!

私たちはシチーリアで去年、至福のひとときを過ごした。海は素敵で、食事も最高だった。

✒ Dio を使うその他の表現

a Dio piacendo : 問題なければ。直訳は「神のご意思があれば」。
che Dio ce la mandi buona! : うまくいきますように！
Dio li fa e poi li accoppia : 《諺》似たもの同士。直訳は「神は創造し、対にする」。
essere mandato da Dio : 幸運をもたらす。直訳は「神から送られた」。

ERODE E PILATO　ヘロデとピラト

---

mandare (qualcuno) da Erode a Pilato

（無駄に〜を動かして）責任を転嫁する

直訳は「(〜を)ヘロデからピラトに送る」。新約聖書によれば、ピラトはヘロデの所にイエスを送ったが、ヘロデは「処分はピラトが決めればよい」と送り返し、無駄足となった。**fare come Pilato** も「責任を転嫁する」の意味。

Per avere quel documento necessario al rinnovo del passaporto mi *hanno mandato da Erode a Pilato*.

パスポートの更新に必要な書類のため、無駄にあちこち行かされた。

FOSSA DEI LEONI　ライオンの洞窟

---

essere nella fossa dei leoni

（絶対絶命の）危機に瀕する

旧約聖書ダニエル書の第6章より。トラのいる洞窟に入れられた預言者ダニエルは、翌日も無傷でいたことで神の存在を証明したとある。このこと

からトラの洞窟は危険な場所の象徴となった。日本語の「虎穴に入る」。

In ufficio ho tantissimi nemici. Quando vado al lavoro, mi sembra di *essere nella fossa dei leoni*.

オフィスにはたくさんの敵がいる。仕事に行くと虎穴に入ったみたいだ。

GIOBBE　ヨブ

avere la pazienza di Giobbe

忍耐力がある、辛抱強い

直訳は「ヨブの忍耐力をもつ」。神は裕福で権力のあるヨブを試すために、財産や家族、健康を次々に失わせる。全てを失っても、ヨブは「主は与え、主は奪う。主の御名はほめたたえられよ」ということば（ヨブ記1章13-22節）でゆるぎない信仰を示した。聖書ではヨブは正義と辛抱強さの象徴とされる。

Michela *ha la pazienza di Giobbe* per riuscire a stare con uno come Filippo.

フィリッポのような人と付き合うなんて、ミケーラは辛抱強い人だ。

GIUDA　ユダ

essere un Giuda

（ユダのように）裏切り者である

直訳すれば「ユダである」。12使徒のひとりであるユダは、銀30枚でキリストを敵に売ったとされている。

A : Lo sai che il tuo collega Valerio mi ha rubato la ragazza?! Ieri l'ho visto con Luisa mano nella mano.

B : Ma dai! Non ci posso credere! Allora *è* proprio *un Giuda*!

A：君の同僚のヴァレリオにルイーサを奪われたのを知っているか？　昨日彼女と手をつなぎながら歩いていたのを見た。

B：本当か？　信じられないよ！　まさに裏切り者だ！

✒ Giuda を使うその他の表現

il bacio di Giuda：裏切り。ユダがキリストを裏切る際に接吻を与えたことから。

andare [mandare] all'inferno (qualcuno)

（〜を）やっかい払いする

> andare [mandare] al diavolo も同じ意味（p. 149 参照）。

> Non sopporterò un minuto di più le tue angherie ! *Vai all'inferno* !

> あなたの横暴にはこれ以上我慢できない！　出て行ってちょうだい！

patire le pene dell'inferno

（地獄のような）苦しみに耐える

> soffrire le pene dell'inferno も同じ意味。

> Barbara ha avuto i calcoli renali e *ha patito le pene dell'inferno*. Mi ha detto che sono dolorosissimi.

> バルバラは腎臓結石で地獄のような苦しみに耐えた。激痛らしい。

scatenare l'inferno

大騒ぎをする

> 直訳は「地獄を勃発させる」。scatenare un inferno、fare un'ira di Dio も同じ意味。

> I miei ragazzi hanno organizzato una festa in casa, invitando i loro amici, e *hanno scatenato l'inferno*.

> 子どもたちが友だちを呼んで家でパーティーをして、大騒ぎをした。

essere al lumicino

疲れきっている

> 昔、瀕死の人の隣に祝福された灯りを置く習慣があった。また、瀕死の人の顔に灯りを当てて、息があるか確認していたことからだという説もある。ridursi al lumicino も同じ意味。

> Se anche questa volta non vieni in discoteca con noi perché ti mancano le forze, vuol dire che *sei al lumicino* !

疲れているからってまた私たちとクラブに行けないのなら、本当にへとへとってことね！

accendere un cero alla Madonna
聖母マリアに感謝する

> 直訳は「聖母マリアにロウソクを点ける」。教会で感謝の祈りをする際にロウソクを点ける習慣から。accendere un lume alla Madonna、accendere un cero in chiesa、accendere un cero a sant'Antonio も同じ意味。

Come hai fatto a restare illeso in quel tremendo incidente lo sai solo tu! Dovresti *accendere un cero alla Madonna*.

> あのひどい事故でどうやって無傷でいられたか不思議だ。聖母マリアに感謝するべきだ。

Madonna, Madonnina を使うその他の表現

essere una madonnina infilzata：裏表のある女性である。直訳は「貫かれた小さな聖母マリアである」。絵画で、悲しみの聖母は7つの剣に心臓を貫かれて描かれることから。多くの場合は皮肉的に用いる。

essere come la Madonna dei sette dolori：比喩的に「苦しむ」。直訳は「マリアの7つの悲しみのようである」。主に皮肉的に、文句ばかり言う人や空想の痛みを訴える人に対して言う。

Madonna mia [santa]！：驚いた！　南イタリアでよく使われる。

fare miracoli
尽力する

> 直訳は「奇跡を起こす」。

Ho fatto miracoli per comprare i biglietti per la rappresentazione di domani dell'*Aida*. Erano gli ultimi due.

> 明日のアイーダのオペラのチケットを買うためにすごい努力をしたんだ。最後の2枚だったよ。

miracolo を使うその他の表現

per miracolo：奇跡的に。

durare da Natale a santo Stefano

長続きしない

> 直訳は「クリスマスから聖ステーファノの祝日までつづく」。聖ステーファノの祝日はクリスマスの翌日の12月26日。
>
> A : Cosa ?! Pierino ha già rotto il suo nuovo robot?
>
> B : Nelle sue mani i giocattoli *durano da Natale a santo Stefano*.
>
> A：え？　ピエリーノは新しいロボットをもう壊したの？
>
> B：この子の手の中では、おもちゃは長持ちしないよ。

✒ Natale を使うその他の表現

Natale con i tuoi e Pasqua con chi vuoi：《諺》クリスマスは家族と、復活祭は好きな人と。韻を踏んでいる。

a ogni morte di papa

めったにない、ごくまれに

> 直訳は「法王の逝去のたびに」。
>
> Luigi viene a trovarci *a ogni morte di papa* !
>
> ルイージはめったに会いに来ない！

✒ papa を使うその他の表現

entrare papa in conclave e uscirne vescovo：期待はずれに終わる。直訳は「皇帝としてコンクラーヴェに入って、司教として出る」。

morto un papa se ne fa un altro：《諺》どんな人や役割にも代わりがいる。直訳は「法王が亡くなれば、別の人が法王になる」。特に恋愛などで、恋人と別れたときなどに言う。

stare [vivere] come un papa：（教皇のように）贅沢な生活を送る。

essere un paradiso

天国のような場所である、自然豊かな場所である

> paradiso は旧約聖書の創世記に出てくるエデンの園。**essere il paradiso terrestre** も同じ意味。
>
> ## Questa spiaggia incontaminata *è un paradiso*. Non c'è nessuno e il mare è così pulito da sembrare trasparente!
>
> このけがれのないビーチはまるで天国だ。誰もいないし、海は透き通るほどきれいだ。

sentirsi in paradiso

幸福の絶頂にある

> **essere al settimo cielo** も同じ意味。
>
> ## Sono così felice che *mi sento in paradiso*! Ho finalmente superato l'esame per ottenere la patente di guida.
>
> 嬉しくて幸福の絶頂だ！ 運転免許の試験に合格した。

✒ paradiso を使うその他の表現

avere qualche santo in paradiso：有力なコネがある（p. 157参照）。
volere andare in paradiso in carrozza：苦労せず利益を得たい。直訳は「天国へ馬車で行きたい」。古い諺 "In paradiso non ci si va in carrozza" を省略した表現。
stare in paradiso a dispetto dei santi：招かれざる客である。直訳は「聖人に軽蔑されながらも天国にいる」。

essere felice come una Pasqua

喜びに満ちあふれる

> 復活祭はキリストの復活を祝う喜ばしい祝日とされていることから。**essere contento come una Pasqua**、**essere felice come un re** も同じ意味。
>
> ## La mia gatta ha appena partorito tre gattini e mia figlia *è felice come una Pasqua*.
>
> うちのネコが3匹の子ネコを出産したので、娘が喜びに満ちあふれている。

PECCATO 罪業、罪

essere un peccato

残念である

> 直訳は「罪である」。essere un vero peccato も同じ意味。
>
> *È un peccato* che tu non sia potuto venire con noi al campeggio.
> Ci siamo divertiti moltissimo!
>
>> あなたがキャンプに来られなかったのは残念だった。とても楽しかったよ!

✎ peccato を使うその他の表現
  essere brutto come il peccato [essere brutto come i sette peccati capitali]:醜
  い。直訳は「罪 (7つの大罪) のように醜い」。

PULPITO 説教壇

sentire da che pulpito viene la predica

どの口が言う

> 直訳は「どの説教壇からそのような説教が生じるかを聞く」。
>
> A : Tu non fai mai i compiti!
>
> B : *Senti da che pulpito viene la predica* ! Ieri eri impreparato
> all'interrogazione di Storia.
>
>> A:あなたはいつも宿題してこないよね。
>>
>> B:どの口が言うんだ! 君は昨日の歴史の口頭試問の点数が悪かったじゃないか。

✎ pulpito を使うその他の表現
  salire sul pulpito:皮肉的に「知ったかぶりをする」。

SANTO 聖人

avere qualche santo in paradiso

有力なコネがある

> 直訳は「幾人かの聖人を天国にもつ」。
>
> Laura è riuscita a trovare un nuovo lavoro più stimolante e

più pagato di quello precedente. Deve *avere qualche santo in paradiso*.

> ラウラは前の仕事より刺激的で給料が高い職を見つけることができた。有力なコネがあるはずだ。

essere come san Tommaso

（聖トマスのように）疑い深い

> 新訳聖書の12使徒のひとりトマスは、イエスが復活したという言葉を信じず、イエスの脇腹の傷に自分の手を差し込んで確かめた（ヨハネによる福音書20章25節）。口語では1人称で使うことが多く、直接確認したり、証拠がないと信じられない性格をあらわにするときに用いる。

A : Il ministro dei Beni Culturali ha detto che stanzierà dei fondi per restaurare le chiese della nostra città.

B : Io *sono come san Tommaso*. Se prima non vedo i fatti, non ci credo.

> A：文化省大臣が教会の修復に予算を割り当てると断言した。

> B：私は疑い深いんだ。行動に移すまで信じないぞ。

essere il pozzo di San Patrizio

無尽蔵である

> 直訳は「聖パトリックの井戸である」。聖パトリックの井戸はアイルランドのステーションアイランドにあり、煉獄への入り口とされている。イタリアのオルヴィエートにも似たような井戸があることから、同じ名称がつけられている。

Guarda che non *sono il pozzo di San Patrizio*, quindi non chiedermi più di pagare anche per te.

> 私は無尽蔵ではない。あなたの分も払うなんてまっぴらだ。

essere un santo [una santa]

（聖人のように）心が広い

> Vittoria *è una santa*. Non si arrabbia mai.

> ヴィットーリアは心が広い。怒ったことがない。

in santa pace

平穏に、静かに

> 直訳は「聖なる平和に」。この場合 santa は形容詞。

> **Sono stanchissima, quindi adesso vorrei fare una pausa *in santa pace*.**

> すごく疲れているから、今は誰にも邪魔をされず休憩をしたい。

non ci sono santi che tengano
何としても

> 直訳は「聖人さえできることがない」。non ci sono santi、non esserci santo che tenga、non ci piove! も同じ意味。

> **Oggi dobbiamo finire questo lavoro e *non ci sono santi che tengano*!**

> この仕事は何としても今日終わらせなければならない。

non essere uno stinco di santo
（聖人とはほど遠く）信頼できない

> 直訳は「聖人の脛骨でもない」。多くの場合は皮肉で使われる。提喩（シネクドキ）という修辞技法で、一部（脛骨）で全体（聖人）を言い換えている。

> **A : Hai sentito l'ultima? Hanno arrestato l'amico di Franco!**

> **B : Addirittura! In effetti, *non* mi *era* sembrato *uno stinco di santo*, ma non avrei mai pensato che arrivasse a tanto.**

> A：聞いた？ フランコのあの友だち、逮捕されたらしい。

> B：逮捕？ 確かに信頼できない人に思えたけど、逮捕までされるとは。

non sapere (più) a che santo votarsi [rivolgersi]
（誰にすがったらよいのかわからず）途方に暮れる

> 直訳は「どの聖人から祝福を受けるべきかわからない」。キリスト教では、職業や身体の部位ごとに守護聖人がいる。たとえば、聖クリスピーノは靴職人、聖ルーカは画家、聖チェチーリアは音楽家、聖ルチーアは目、聖ビアージョや聖ボッローニアは歯の守護聖人とされており、困ったときは該当する聖人に祈りをささげる。non sapere che santo baciare、non sapere dove andare a sbattere la testa も同じ意味。

> **Il figlio di Claudio non ne vuole proprio sapere di studiare e lui *non sa* più *a che santo votarsi*.**

> クラウディオは息子に勉強意欲がなく、途方に暮れている。

✒ santo を使うその他の表現

andare con il cavallo di san Francesco：(p. 16 参照)。

tirare giù tutti i santi dal paradiso [cielo]：(天国から聖人を落とすかのように) 冒瀆の言葉を吐く。

avuta la grazia gabbato lo santo：《諺》目的を達成したあと恩を忘れる。直訳は 「恵みを受けたら聖人を騙せた」。

avere un santo dalla propria：頼れる人がいる、運がよい。直訳は「自分の側に 聖人がいる」。

VANGELO 福音書

prendere (qualcosa) per Vangelo

(〜を完全に) 信じる

> 直訳は「(〜を) 福音書だと思う」。essere Vangelo、essere una Bibbia は「動 かぬ事実である」という意味。

> ### Quando Emiliano dice qualcosa, Carlotta *lo prende per Vangelo*.
>
> エミリアーノが何か言うとき、カルロッタは何ひとつ疑わずに信じる。

ZIZZANIA ドクムギ

seminare zizzania

不和の種をまく

> マタイによる福音書 (12章24-30節) に、ある男が敵に勝つため、敵の畑に ドクムギを撒いたとあることから。

> ### Ti prego, *non seminare zizzania* tra Vito e Manuela. Stanno così bene insieme!
>
> 頼むからヴィートとマヌエーラの間に不和の種をまかないで。とてもいいカップ ルなんだから。

神話に関する単語を使う表現

ACHILLE アキレス

essere il tallone d'Achille (di qualcuno)

（〜の）弱点である

> 直訳は「アキレス腱である」。アキレスはギリシャ神話の英雄。かかと以外
> は不死身であったことから、唯一の弱点であった部位がアキレス腱と呼ば
> れるようになった。
>
> ### L'indecisione *è il suo tallone d'Achille*.
>
> > 優柔不断が彼の弱点である。

ADONE アドニス

essere un Adone

美男である

> アドニスは女神ビーナスが恋に落ちたとされる美男。嫉妬で神マルスに
> よって殺される。credere di essere un Adone、sentirsi un Adone は「ハンサ
> ム気取りをする」の意味。
>
> ### Hai visto il nuovo Presidente del Consiglio dei Ministri? *È* proprio *un Adone*! Mai visto un politico così bello!
>
> > 新しい内閣総理大臣を見た？　美男ね！　これほどハンサムな政治家は今までい
> > なかったわ。

AMAZZONE アマゾネス

essere un'amazzone

男勝り（の女性）である

> ギリシャ神話に登場するアマゾネスは女性の武者。弓を持ちやすくするた
> めに右胸を切り落としていたとされることからアマゾネス（古代ギリシャ
> 語で「片胸なし」）と呼ばれた。
>
> ### Guarda Lavinia come guida bene la motocicletta! *È* proprio *un'amazzone*!
>
> > ラヴィーニアがバイクを乗り回す姿を見て！　男勝りだ。

essere il filo di Arianna
問題解決の糸口である

> ギリシャ神話のアリアドネは、迷宮に入るテセウスに脱出用の糸を与えた。

> ### La soluzione che hai proposto *è il filo di Arianna*.

> あなたが提案した方法が、問題解決の糸口だ。

essere un'arpia
性悪女である

> 主に性格を指す。ハルピュイアはギリシャ神話における女の顔と鳥の体をもつ怪物。

> ### La mia insegnante di matematica al liceo *era un'arpia*! Terrorizzava tutti gli studenti.

> 高校時代の数学の先生は性悪女だった! 学生をみんな怖がらせていた。

essere una chimera
叶わぬ夢である

> キメラはギリシャ神話に登場する怪物。ライオン、ヤギ、ヘビの3つの頭をもつ。架空の生き物の象徴。inseguire una chimera は「叶わぬ夢を追う」の意味。

> ### Fare il giro del mondo adesso che sei senza soldi *è una chimera*.

> お金のない今、世界一周をするのは叶わぬ夢だ。

le fatiche di Ercole
試練

ヘラクレスに課せられた12の試練に由来する。

Abbiamo vinto tutte le partite del campionato, ma abbiamo dovuto affrontare *le fatiche di Ercole*.

チャンピオンシップのすべての試合に勝てたが、たいへんな苦労を乗り越えねばならなかった。

POMO リンゴ

essere il pomo della discordia
争いの種となる

直訳は「不和のリンゴである」。ギリシャ神話で「最も美しい女神に」と書かれてあった黄金のリンゴが、女神たちの間に不和をもたらしたことから。

L'ultima fetta di torta *è stata il pomo della discordia* tra Simone ed Edoardo.

ケーキの最後のひと切れが、シモーネとエドアルドとの喧嘩の原因になった。

SIBILLA シビュラ

dare risposte sibilline
謎めいた回答をする

シビュラとは古代ローマ・ギリシャの巫女。アポロンの信託を受けて未来を占っていたが、その内容が謎めいていたことから。

Cerca di essere chiaro e non mi *dare risposte sibilline* come al solito!

いつものように謎めいた答え方をしないで、わかりやすいように話して。

TANTALO タンタロス

patire il supplizio di Tantalo
(欲しいものが目の前にあるのに)手が届かない苦しみを耐える

直訳は「タンタロスの苦行を受ける」。タンタロスはギリシャ神話に登場するリューディア王でゼウスの息子。神々を激怒させたタンタロスは、食べ物を目の前にして手が届かない苦しみを味わう罰を受けることになる。

Davanti alle torte Paola *patisce il supplizio di Tantalo*, perché è
diabetica e non le può mangiare ma le adora.

> ケーキを目にするとパオラは手を出せない苦しみに耐えなければならない。彼女
> はケーキが大好きだけれど、糖尿病で食べられない。

VENERE ビーナス

essere una Venere
美女である

> ビーナスは愛と美の女神。

Sua moglie Sara *è una Venere*, ma lui va in cerca di donne
ancora più belle. Assurdo!

> 奥さんのサーラは美女なのに、彼はもっと美しい人を探しに出る。あり得ない！

CAPITOLO 6

第 **6** 章

文字・数・色など

LETTERE, NUMERI, COLORI & ALTRO

文字に関する単語を使う表現

A

dalla A alla Zeta
最初から最後まで

直訳は「AからZまで」。

Ho letto e riletto questo libro *dalla A alla Zeta*.

この本を最初から最後まで繰り返し読んだ。

ABBICCÌ ABC

conoscere l'abbiccì (di qualcosa)
（学問、仕事などの）基本を知る

直訳は「（ものごとの）ABC を知っている」。abbiccì は ABC の発音。

È uno scrittore che non *conosce l'abbiccì* del suo mestiere.

彼は自分の仕事の基本を知らない作家だ。

abbicci を使うその他の表現

tornare all'abbiccì：初歩に戻る。

ACCA H

non capire un'acca
何もわからない

直訳は「Hがわからず」。ラテン語では気息音であった h（アッカ）は、イタリア語では完全に発音しなくなり、consonante muta（無音の子音）とも呼ばれることから。non capire uno iota（ギリシア語のイオタも発音しない）も同じ意味。同じ acca を使う表現で non valere un'acca（直訳は「Hの価値もない」）は「価値のない」という意味。

Ma vuoi parlare più lentamente?! *Non ho capito un'acca* di quello che hai detto finora.

もっとゆっくり話してくれない？　今まで言ったこと、何もわからなかったよ。

non tralasciare il più piccolo iota

細かい点を見逃さない

直訳は「一番小さいイオタも見逃さない」。ギリシア語のイオタはイタリア語の i に相当する文字。この表現はマタイによる福音書にある。seguire (qualcosa) alla lettera も似た意味。

Nel seguire le tue indicazioni *non ho tralasciato il più piccolo iota*, ma casa tua non l'ho trovata.

細かい点も見逃さず指示に従ったけれど、あなたの家は見つからなかった。

voltare pagina

（人生の）転機を迎える

直訳は「ページをめくる」。cambiare pagina とも言う。

Dopo il licenziamento, Sofia *ha voltato pagina* decidendo di trasferirsi in Germania.

解雇後、ソフィーアは人生の転機を迎え、ドイツに引っ越すことを決めた。

è una parola!

言うのは簡単だ！

直訳は「ひとことではすまない」。似ている表現の facile a dirsi! は facile a dirsi, difficile a farsi の略。「言うは易く、行うは難し」という意味。

A : Se vuoi imparare velocemente l'italiano, ogni giorno dovresti memorizzare venti vocaboli nuovi, leggere almeno un articolo di giornale e guardare due o tre video in questa lingua.

B : *È una parola* !

A ：イタリア語を早く覚えたければ、毎日20語の新しい単語を暗記して、新聞記事を最低ひとつ読んで、イタリア語の動画を2つか3つ見なければならない。

B ：言うのは簡単だ！

rimangiarsi la parola
約束を果たさない

> Non ho nessuna voglia di uscire, ma ho promesso ad Alba
> che sarei andata al ristorante con lei e adesso non posso
> *rimangiarmi la parola*.
>
>> 出かけたくないけれど、アルバとレストランに行く約束をしたから、果たさない
>> わけにはいかない。

✎ parola を使うその他の表現

avere l'ultima parola：最終決定をする。直訳は「最後の言葉を言う」。
cavare (a qualcuno) le parole di bocca：(～を) 無理に話させる。直訳は「口から言葉を奪う」。
dire in parole povere：わかりやすく言う。
essere di parola：約束を果たす。
restare senza parole：(驚きで) 絶句する。
togliere le parole di bocca：(～の言葉を) 先回りして言う。直訳は「口から言葉をとる」。

SILLABA　音節

non perdersi una sillaba
(ひとことも) 聞き逃さない

> 直訳は「1 音節も失わない」。non perdersi una parola も同じ意味。

> *Non mi sono persa una sillaba* di quello che ha detto il preside
> questa mattina.
>
>> 校長が今朝言ったことをひとことも聞き逃さなかった。

数字を使う表現

DUE　2

fare due più due
簡単な推理をする

直訳は「2と2を足す」。「あたりまえの結論を出す」という意味もある。

Se hai visto quei due mano nella mano, vuol dire che stanno insieme. *Fa due più due* !

> あのふたりが手をつないでいたのを見たのなら、つき合っているということだ。あたりまえだ！

✒ due を使うその他の表現

contare come il due di briscola [picche]：価値が低い。直訳は「ブリスコラ [スペード] の2ほどの価値である」。ブリスコラはイタリアのトランプゲームで最初にとるカードの種類を指す。

non avere due per far tre：必要なものを持ち合わせていない。直訳は「3をつくるための2をもっていない」。

non c'è due senza tre：《諺》2度もあることは3度ある。

non sapere mettere due parole in croce：口下手である。

usare due pesi e due misure：相手によって判断の基準を変える。直訳は「2つの錘と2つの秤を使う」。

NOVANTA 90

---

essere il pezzo da novanta
花形である

> 直訳は「90口径である」。軍事用語では銃の大きさを pezzo という単位で表し、大きいほど破壊力が増す。**essere un pezzo grosso** とも言う。

Nella nostra cerchia di amici, Sonia *è il pezzo da novanta* : è una manager molto affermata e rispettata.

> 私たちの友人の中ではソニアが花形だ。とても評価が高く、尊敬されているマネージャーだ。

✒ novanta を使うその他の表現

la paura fa novanta：《諺》恐怖のあまり何をしでかすかわからない。直訳は「恐怖は90をする」。ロト（くじ）の90は恐怖を象徴することから。皮肉的に用いる。

NOVE 9

---

essere la prova del nove
（すでに出ている）結果を確認する、証明する

直訳は「九去法（9 を利用した検算法）である」。

Il voto dei cittadini *sarà la prova del nove* che confermerà l'importanza del nostro partito a livello nazionale.

市民投票によって、我が党が国政レベルでいかに重要かが明らかになるだろう。

🖋 nove を使うその他の表現

mancare nove per far(e) dieci：経済的に厳しい。直訳は「10 をつくるための 9 がない」。

NUMERO 数字

dare i numeri

支離滅裂なことを言う

直訳は「ロト（くじ）の当たり番号を予言する」。ロトの数字には何の法則もないことから。

Per me *stai dando i numeri*, perché quello che dici è senza senso.

私にはあなたが何を言っているか、わけがわからない、意味が通らないよ。

🖋 numero を使うその他の表現

avere dei numeri：（成功につながるような）才能がある。ロト（くじ）を当てる数字のように。

essere il numero uno：（グループや組織の中の）第一人者である。直訳は「1 の数字である」。

fare numero：頭数に入る。

QUATTRO 4

in quattro e quattr'otto

急いで

「4 + 4 の足し算をする速さのように」という意味。同じ quattro を使った **farsi in quattro** は 4 人分の努力することから「全力を尽くす」という意味なので注意。

A：Sei già a casa?

B：Sì, mi sono sbrigata *in quattro e quattr'otto*, perché fra poco inizia il mio telefilm preferito.

　　Ａ：もう家に着いた？

　　Ｂ：うん、急いで帰って来たよ。これから好きなドラマが始まるからね。

✎ quattro を使うその他の表現

dire quattro parole in croce：言葉数が少ない、滑舌が悪い。
dirgliene quattro：はっきり言う、叱責する。
fare il diavolo a quattro：大騒ぎをする（p. 149 参照）。

SETTE　7

sudare sette camicie

苦労する、汗水を流す

直訳は「7 枚のシャツに汗をかく」。7 は聖書や魔術などにおいて、繰り返しを意味する数字。sudare quattro camicie、sudare nove camicie などのバリエーションもある。

Ho sudato sette camicie per completare il puzzle di 5.000 pezzi che mi hai regalato a Natale.

クリスマスにプレゼントしてくれた 5000 ピースのパズルを完成するのに苦労したよ。

✎ sette を使うその他の表現。

avere sette nel vestito：服に穴が開いている。
essere un sette a levare：戦略的な動きである。scopone scientifico というトランプゲームから。

ZERO　ゼロ

sparare a zero

（〜を激しく）攻撃する、非難する

直訳は「ゼロで（銃などを）発砲する」。標的の距離が近ければ、銃の照尺をゼロ（水平）で打つことから。

Il mio collega **ha sparato a zero** sulla mia proposta senza darmi il tempo di ribattere.

私が反論する間もなく、同僚は私の提案を非難した。

✑ zero を使うその他の表現

contare zero：（全く）価値がない。
essere a zero：私産が全くない。
partire [cominciare] da zero：（最初から）やり直す。
ridursi a zero：全財産を失う。
spaccare lo zero：細かいことにこだわる。

色の単語を使う表現

AZZURRO　水色

sognare [trovare] il principe azzurro
白馬に乗った王子を夢見る［見つける］

> 直訳は「青い王子を夢見る［見つける］」。グリム兄弟による童話「白雪姫」に登場する王子から。aspettare il principe azzurro とも言う。

> A : Sai che fra non molto Alessia si sposerà con Luca? È il figlio di un famoso avvocato la cui famiglia è molto facoltosa. Inoltre, è proprio bello.
>
> B : È proprio il caso di dirlo : Alessia *ha trovato il* suo *principe azzurro* !

> A：アレッシアがもうすぐルーカと結婚するって聞いた？　有名な弁護士の息子で、すごく裕福な家の跡継ぎなんだって。しかも、とてもかっこいい人！
>
> B：アレッシアは白馬に乗った王子様を見つけたっていうことね！

BIANCO　白

passare la notte in bianco
徹夜をする

> 見習いが騎手になる前日は白い衣装を着ることから。fare la notte も同じ意味。

> *Ho passato la notte in bianco* per accudire mia figlia che aveva

la febbre a 40.

40度の熱を出した娘の面倒をみるために徹夜をした。

✎ bianco を使うその他の表現。

andare in bianco：失敗する。白は失敗や無の象徴であることから。
dare a intendere bianco per nero：だます。直訳は「黒なのに白と解釈させる」。
di punto in bianco：突然。
vedere la dama bianca：（〜の）死を予言する。直訳は「白い夫人を見る」。偉人がなくなる前には白い服を着た女性が現れるという迷信から。

COLORE 色

combinarne [farne] di tutti i colori

（あらゆる）悪さをする

直訳は「あらゆる色にする」。

Durante il viaggio di istruzione, Gianluca *ne ha combinate di tutti i colori*.

修学旅行中、ジャンルーカはありとあらゆる悪さをしでかした。

✎ colore を使うその他の表現。

cambiare colore：顔色を変える。
dirne di tutti i colori：（口汚く）罵る。直訳は「あらゆる色を言う」。
diventare di tutti i colori：（感情を）顔色に出す。
vederne di tutti i colori：経験豊かである。直訳は「あらゆる色を見る」。

GRIGIO 灰色

essere l'eminenza grigia (di qualcuno)

（〜の）黒幕である

直訳は「灰色の（枢機卿）猊下である」。eminenza grigia はオルダス・ハクスリ著『灰色の宰相』（1941年）のモデルとなったカプチン・フランシスコ修道会員フランソワ・ルクレール・デュ・トランブレー（1577-1638）を指す。

Per molti, il politico Goffredo Bettini *è l'eminenza grigia* del Partito Democratico Italiano.

政治家ゴッフレード・ベッティーニは、多くの人にイタリア民主党の黒幕だと思われている。

mettere nero su bianco
（契約書などに）明記する

> 直訳は「白（紙）に黒を入れる」。
>
> Dobbiamo ancora ***mettere nero su bianco*** questa clausola del contratto.
>
> > まだこの条項を契約書に明記しなければならない。

✒ nero を使うその他の表現

essere nero come l'anima di Giuda：罪深い。直訳は「ユダの魂のように黒い」。
fare nero (qualcuno)：（〜を）痛めつける。直訳は「（〜を）黒くする」。
non distinguere il nero dal bianco：未熟である。直訳は「白と黒の区別がつかない」。
pagare [lavorare] in nero：脱税して（人を）働かせる［脱税して働く］。
vedere tutto nero：悲観的である。

andare in rosso
赤字になる

> **essere in rosso** も同じ意味。
>
> Se continui a prelevare soldi con questa frequenza, il tuo conto corrente ***andrà in rosso***.
>
> > この頻度でお金をおろしていたら、あなたの銀行口座は赤字になる。

✒ rosso を使うその他の表現

diventare rosso come un peperone [gambero]：（恥ずかしさのあまり）顔が赤くなる。直訳は「ピーマン［エビ］のように赤くなる」。
vedere rosso come i tori：激怒する。直訳は「闘牛のように赤く見える」。

essere al verde
一文なしになる

由来は 2 説ある。昔のロウソクは底が緑色で、尽きそうになると緑が浮き上がってくるからという説。もうひとつは、金庫の内装や財布の裏地が緑色であったため、緑が見えることはお金がなくなってきていることの象徴だという説。ridursi al verde、rimanere al verde とも言う。

Ieri ho offerto la cena a Timoteo, perché *era al verde*.

> 昨日はティモーテオが一文なしだったから、夕飯をおごった。

✒ verde を使うその他の表現

dare disco verde：ゴーサインを出す。直訳は「緑のディスクを渡す」。
diventare verde (di bile)：(怒りや嫉妬などで) 顔色を変える。直訳は「胆汁のように緑になる」。胆汁は怒りの比喩。
ridere verde：(妬みや嫉妬を隠すため) 苦笑いをする。直訳は「緑に笑う」。

ゲームや遊びの単語を使う表現

ASSO エース（トランプの 1）

avere un asso nella manica
秘策がある

> 直訳は「袖の中にエースをもつ」。ポーカーで、一番強いエースのカードを袖に隠し、タイミングよく取り出してチートする方法から。

Domani, il nostro avversario politico parlerà al Parlamento per cercare consensi e ho paura che *abbia un asso nella manica*.

> 明日、敵対する政治家が、国会で支持者を増やすために演説をすることになっているが、なにか企んでいることを私は恐れている。

essere un asso
エースである

> 主にスポーツ界で使われる。

Cristiano Ronaldo *è un asso* del calcio.

> クリスティアーノ・ロナルドはサッカーのエースである。

✒ asso を使うその他の表現

piantare [lasciare] (qualcuno) in asso：(〜を) 見捨てる。直訳は「(〜を) エース
におく」。*assus* はラテン語で「独りで」という意味。

━━━━━━━━━━━━ **CARTA**　カード ━━━━━━━━━━━━

mettere le carte in tavola

(考えを) はっきり言う

　　直訳は「カードをテーブルに置く」。

　　Perché non ***metti le carte in tavola*** e ci dici che intenzioni hai?

　　　はっきり考えを言ってちょうだい。どういうつもりなの？

✒ carta を使うその他の表現

avere [dare] carta bianca：全権を握る [託す]。
avere (tutte) le carte in regola：条件を満たしている。直訳は「規則に沿ったカー
　ドを持つ」。
cambiare le carte in tavola：前言をひるがえす。直訳は「テーブルにあるカード
　を変える」。
giocare a carte scoperte：正々堂々と行動する。直訳は「カードを表にして遊ぶ」。
giocare l'ultima carta：最後の挑戦をする。直訳は「最後のカードに賭ける」。
giocare tutte le carte：(全ての) 手を使い果たす。

━━━━━━━━━━━━ **GIOCO**　遊び ━━━━━━━━━━━━

fare il doppio gioco

二股をかける

　　直訳は「ダブルゲームをする」。**essere un doppiogiochista**、**tenere il piede in
　　due staffe** (p. 107 参照) も同じ意味。

　　Hai fatto il doppio gioco facendomi credere che avresti
　　appoggiato la mia proposta alla riunione, mentre avevi già
　　fatto la stessa promessa anche a un'altra collega.

　　　会議で私の案を支持してくれると思わせておきながら、他の同僚とも同じ約束を
　　　して、二股をかけたね。

✒ gioco を使うその他の表現

entrare in gioco：介入する。

essere in gioco：懸かっている。

essere un gioco da ragazzi：（ごく）簡単である。直訳は「子どもの遊びである」。

far buon viso a cattivo gioco：嫌なことを受け入れる。直訳は「悪いゲームでよい顔をする」。

mettere fuori gioco：（〜を）倒す。

mettersi in gioco：危険に身をさらす。

prendersi gioco (di qualcuno)：（〜を）からかう。

stare al gioco：ルールに従う。

IPPICA 乗馬

darsi all'ippica
転職する

> 直訳は「乗馬に専念する」。皮肉的に能力のなさを指摘したり、関係ないことに介入しないよう促したりするときに使う。由来は不明。
>
> ### Tuo fratello è un disastro con la chitarra. Digli di *darsi all'ippica*.
>
> > あなたの弟はギターが下手すぎる。他の楽器を練習するように言ったら？

PALLA ボール

cogliere [prendere] la palla al balzo
チャンスをつかむ

> 直訳は「跳ねたボールをとる」。
>
> ### Ho avuto problemi per arrivare a casa tua, ma quando un signore per la strada mi ha domandato l'ora, *ho preso la palla al balzo* e gli ho chiesto le informazioni stradali.
>
> > あなたの家まで行くのに迷ったけれど、道端で男性に時刻を聞かれたとき、すかさず道を尋ねた。

✐ palla を使うその他の表現

passare la palla：（〜に）チャンスを与える。直訳は「ボールをパスする」。

rimettere in palla：（〜を）励ます、慰める。

veder(e) balzare la palla sul guanto：（思いがけない）チャンスに恵まれる。

rispondere picche

きっぱり断る

> 直訳は「同じマークで答える」。この場合、picche はスペードではなく、トランプの4種類のマークをいう。前の人と同じマークのカードを出す（rispondere picche）のはゲームに乗らないという意味であることから。dare il due di picche も同じ意味。

> Speravo che mio fratello mi prestasse la macchina, ma mi *ha risposto picche*.

> 兄が車を貸してくれると思っていたが、きっぱり断られた。

✐ picche を使うその他の表現

contare come il due di picche：価値が低い（p. 169 参照）。

その他の表現

avere l'acqua alla gola

せっぱつまる

> 直訳は「水が喉までくる」。essere con l'acqua alla gola、trovarsi con l'acqua alla gola も同じ意味。

> Ho pochissimo tempo per portare a termine questo lavoro. *Sono* veramente *con l'acqua alla gola*!

> この仕事を終えるのに、もう時間がない。本当にせっぱつまっているんだ。

scoprire l'acqua calda

あたりまえである

> 直訳は「湯が熱いことを発見する」。

> A : Sai, finalmente ho capito come fare le foto con lo smartphone.

B : Brava! Ma allora *hai scoperto l'acqua calda*!

　　A：どうやってスマートフォンで写真を撮るのか、やっとわかったよ。

　　B：そうか！　そんなことはあたりまえだ！

✒ acqua を使うその他の表現

acqua in bocca!：秘密だよ！

affogare in un bicchiere d'acqua：（ささいなことで）とまどう。直訳は「コップ
の中の水で溺れる」。

confondere le acque：紛らわせる。

fare acqua da tutte le parti：故障している。直訳は「そこらじゅうで浸水する」。

fare un buco nell'acqua：無駄骨を折る。直訳は「水に穴を掘る」。

lasciar(e) passare l'acqua sotto i ponti：（アクションを起こす前に）時間をおく。
直訳は「橋の下に水を流す」。

CERA　ロウ

avere una brutta cera
顔色が悪い

> 直訳は「悪い顔をもつ」。cera はギリシャ語（kεra）から由来し「顔、頭」な
> どの意味。

> ***Hai una brutta cera*** oggi! È successo qualcosa?

> 　今日は顔色が悪いね。どうしたの？

CHIODO　釘

chiodo scaccia chiodo
新しい考えや関心は前のことを忘れさせる（（諺））

> 直訳は「釘は釘を追い出す」。土などに打たれた釘を他の釘で打って動かす
> 古代ギリシャの遊びに由来するのであろう。**chiodo leva chiodo**、**un diavolo
> scaccia l'altro** も同じ意味。特に恋愛などに対して言う。キケロ、ペトラルカ、
> アリオストもこの表現を用いている。

> Due settimane fa Lucia piangeva perché Franco l'aveva
> lasciata e adesso esce con Stefano. ***Chiodo scaccia chiodo***!

> 　ルチーアは2週間前はフランコにふられて落ち込んでいたのに、今はステーファ
> ノとデートしている。代わりはいくらでもいるね。

essere [avere] un chiodo fisso

信念を曲げない、執着する

> 直訳は「固定された釘である」。avere un chiodo in testa、avere un chiodo fisso in testa とも言う。
>
> **Diventare medico *è* sempre *stato il suo chiodo fisso*, fin da quando era bambino.**
>
>> 医者になることは、彼の子どもの頃からの信念だった。
>
> **Federico *ha un chiodo fisso* per quel calciatore : ne parla sempre.**
>
>> フェデリーコはあのサッカー選手に熱中していて、いつもその話をする。

✒ chiodo を使うその他の表現

battere sempre sullo stesso chiodo：(同じことを) 繰り返し話す。直訳は「同じ釘を何度も打つ」。

FUMO 煙

---

andare in fumo

予定がなくなる、だめになる

> 直訳は「煙になる」。andare a rotoli も同じ意味。mandare in fumo は「だめにする」。
>
> **Io e Valeria dovevamo sposarci questa primavera, ma a causa del mio improvviso licenziamento il nostro piano *è andato in fumo*.**
>
>> この春にヴァレリアと結婚式を挙げる予定だったが、私の突然の解雇によってその予定はなくなってしまった。

✒ fumo を使うその他の表現

gettare fumo negli occhi：(〜の) 目をくらます。直訳は「目に煙をまく」。
tutto fumo e niente arrosto：見かけ倒し。直訳は「煙ばかりでロースト肉はなし」。
vendere fumo：ほらを吹く。直訳は「煙を売る」。

essere una frana

まぬけである

> A : Mario ha sbagliato il tema della tesina da consegnare per l'esame.
>
> B : Ma allora *è* proprio *una frana* !

> A：マリオは試験で提出するレポートの課題を間違っていたんだって。
>
> B：本当にまぬけな奴だな。

all'acqua di rose

いい加減な

> 直訳は「バラ水のように」。バラから香油を抽出する際、最初の蒸留は 2 回目よりも薄く、主にバラ水などに使用されることから。

> Non vi siete impegnati abbastanza in questo progetto. Lo avete svolto *all'acqua di rose* !

> 君たちは十分にこのプロジェクトに取り組んでこなかった。いい加減だった！

non essere tutto rose e fiori

いいことばかりではない

> 直訳は「すべてがバラと花ではない」。特に喜ばしい場合、肯定形の **essere tutto rose e fiori** を使うことがあるが、使用頻度は否定形のほうが多い。

> Laura dice sempre che la sua vita *non è stata tutta rose e fiori*.

> ラウラは自分の人生はいいことづくめではなかったといつも言っている。

✒ rosa を使うその他の表現

essere fresco come una rosa：元気いっぱいである、健康である。

vedere tutto rosa：楽観的である。この場合、rosa はピンク色の意味。

volere la rosa senza (le) spine：（ものごとの良いところだけを見て）マイナス面を拒否する。直訳は「トゲのないバラを求める」。

se son rose fioriranno：《諺》なるようにしかならない、ときにまかせよ。直訳は「バラであれば咲くでしょう」。新しい計画や恋愛などに対して言う。

ammazzare il tempo
暇つぶしをする

> 直訳は「時間を殺す」。ingannare il tempo とも言う。

Mi sono portata un libro da leggere per ***ammazzare il tempo*** in treno.

> 電車での暇つぶしのために読む本を持ってきた。

avere fatto il proprio tempo
（〜が）時代遅れである、（〜が）信頼を失う

> 直訳は「自身の時代を終えた」。

Questa gonna ***ha fatto il suo tempo*** !

> このスカートは時代遅れだ！

Una buona parte della classe politica italiana ***ha fatto il suo tempo***.

> イタリアの政界のほとんどは信頼を失っている。

lascia il tempo che trova
効果が薄い

> 直訳は「見つけた時間を失う」。

La richiesta della maestra agli alunni di fare silenzio ***lascia*** sempre ***il tempo che trova***.

> 静かにするよう生徒らに出す教師の指示は、いつも効果が薄い。

✎ tempo を使うその他の表現

avere il tempo contato：急いでいる。
avere tempo da vendere：時間に余裕がある。直訳は「売るほど時間がある」。
dare [lasciare] tempo al tempo：時機を待つ。直訳は「時間に時間を与える」。
fare il bello e il cattivo tempo：権力を他に押し付ける。
mettersi al passo con i tempi：時代遅れにならないようにする。直訳は「時代に歩を合わせる」。

darsi alla bella vita

楽な生活を送る

> 直訳は「良い生活に没頭する」。fare la bella vita、fare una vita da nababbo も同じ意味。nababbo はイスラム圏インド太守のことで、贅沢に暮らすことを意味する。

> Dopo la laurea, mio fratello *si è dato alla bella vita*. La mattina si alza sempre dopo le undici e ogni sera va a bere con gli amici.

> 大学卒業後、兄は気楽な生活をしている。毎朝11時に起きて、毎晩友人と飲みに行く。

essere questione di vita o di morte

生きるか死ぬかの瀬戸際である

> 冗談交じり、または皮肉を込めても言う。

> Devo finire di scrivere questo articolo entro domani mattina. *È questione di vita o di morte*!

> 明日までにこの記事を書き終えなければいけない。生きるか死ぬかの瀬戸際だ!

sapere vita, morte e miracoli (di qualcuno)

(〜について) 知り尽くしている

> 直訳は「(〜の) 生、死と奇跡を知っている」。人に対して言う。聖人伝に由来。聖人について非常に細かな伝記が残っていることから。

> La signora Corsini *sa vita, morte e miracoli* di tutto il vicinato.

> コルシーニ夫人は近所全員のことを知り尽くしている。

(stare) su con la vita

くじけない

> Lo so che hai perso il lavoro e che tua madre è in ospedale, ma *stai su con la vita*!

> 職を失って、母親が入院していることはわかっているが、くじけるな!

✒ vita を使うその他の表現

essere pieno di vita：活動的である、意欲的である。

essere tra la vita e la morte：生きるか死ぬかの瀬戸際である。

guadagnarsi la vita：生きるために仕事する。不自由や困難を含む。

passare a miglior vita：死ぬ。苦しみのない天上の人生を歩むという意味で。

metterci una vita：時間をかけ過ぎる。

da una vita：昔から。

avere una doppia vita：（表裏のある）二重生活を送る。

fare la dolce vita：（無自覚、無意識で）遊び呆ける生活を送る。

prendere la vita con filosofia：（逆境にめげず）辛抱する。

finché c'è vita c'è speranza：《諺》命ある限り希望はある。無意味な希望を捨てきれない人に対して、ジョークで使う。

日本語索引

196

参考文献

- APRILE, *G. Italiano per modo di dire*, Alma Edizioni, Firenze , 2008.

- BORTOLUZZI, R., *Acqua in bocca*, Edizioni Casa delle Lingue, Barcellona, 2015.

- DI NATALE, F., ZACCHEI, N., *In bocca al lupo!*, Guerra Edizioni, Perugia, 1996.

- GOBETTI, D., HALL, A., HALL, F. A., GARAU, S. Z., *Italian Idioms*, Barron's Educational Series, New York, 2008.

- MONGE, R., (a cura di), *Proverbi e modi di dire*, Edizioni Gribaudo, Savigliano, 2007.

- *Per modo di dire*, ELI, Recanati, 2002.

- PICO LURI DI VASSANO, *Modi di dire proverbiali e motti popolari italiani, spiegati e commentati*, Tipografia Tiberina, Roma, 1875.

- PITTANO, G., *Dizionario dei modi di dire*, Zanichelli, Bologna, 2016.

- QUARTU, B. M., *Dizionario dei modi di dire della lingua italiana*, Biblioteca Universale Rizzoli (BUR), 2001.

- RADICCHI, S., *In Italia – Modi di dire ed espressioni idiomatiche*, Bonacci editore, Roma, 1985.

- SORGE, P., *Dizionario dei modi di dire della lingua italiana*, Newton Compton Editori, Roma, 2011.

- Treccani Online, www.treccani.it

- TURRINI, G., ALBERTI, C., SANTULL, M. L., ZANCHI, G. (a cura di), *Capire l'antifona*, Zanichelli, Bologna, 2005.

- Zingarelli, N., *Lo Zingarelli 2014 Vocabolario della Lingua Italiana*, Zingarelli, Milano, 2013.

- アイソポス『イソップ寓話集』山本光雄訳、岩波書店、1981年。

- ジャン・ド・ラ・フォンテーヌ『ラ・フォンテーヌ寓話』市原豊太訳、白水社、1997年。

- 新共同訳聖書実行委員会『聖書　新共同訳』、日本聖書協会、2000年。

- 西川一郎編集、和田忠彦監修『和伊中辞典』、小学館、2008年。

- 秋山余思監修『プリーモ伊和辞典』、白水社、2011年。

- 西岡弘監修、『成語大辞苑　故事ことわざ名言名句』、主婦と生活社、1995年。

- 山田俊雄・築島裕・小林芳規・白藤禮幸（編集）、『新潮国語辞典 − 現代語・古語』、新潮社、1995年。

Postfazione

La padronanza dell'italiano, come anche delle altre lingue, è qualcosa che richiede un lungo e faticoso processo di apprendimento e pratica, dal quale non potrà mai mancare la conoscenza delle espressioni idiomatiche. Queste sono, infatti, dei modi di dire profondamente legati alla cultura, alla tradizione e alla percezione popolare della realtà del nostro Paese. È per questo che abbiamo deciso di scrivere il libro che avete in mano, nella speranza che possa diventare uno strumento in grado di guidarvi all'interno di questo complesso mondo, fatto di parole intrecciate a immagini.

Per voi abbiamo selezionato più di millecento espressioni idiomatiche, scegliendole tra quelle che riteniamo più usate nell'italiano moderno e suddividendole in sei categorie tematiche. Per ogni espressione abbiamo fornito il significato in giapponese, spesso accompagnato dalla traduzione letterale, e in molti casi abbiamo anche inserito la spiegazione etimologica. Inoltre, abbiamo corredato le espressioni più comuni di una o due frasi di esempio, per facilitarne l'apprendimento contestualizzato e la memorizzazione.

Desideriamo ringraziare Claudia Ricchiari per la revisione delle frasi in italiano, la redattrice Kazumi Kanke per la collaborazione nelle scelte operate durante tutta la stesura del libro e per i suoi preziosi consigli, e la designer Ayako Hosono per le sue numerose illustrazioni. Infine, un ringraziamento speciale alla casa editrice Hakusuisha, che ha trasformato in realtà il nostro progetto iniziale.

Le autrici

著者紹介
竹下 ルッジェリ・アンナ（Anna Ruggeri Takeshita）
　京都外国語大学イタリア語学科教授。専門は宗教哲学、比較宗教、禅学。2009 年、第 1 回「朝日 21 関西スクエア賞」（朝日新聞大阪本社）受賞。著書に『E メールのイタリア語』（共著／白水社）、『会話と作文に役立つイタリア語定型表現 365』（共著／三修社）など。

秋山 美野（あきやま よしの）
　京都外国語大学博士前期課程 言語文化コース ヨーロッパ・ラテンアメリカ地域（イタリア語）修了。専門はイタリア語言語学。イタリア語教師免許 DITALS レベル 2 取得。

よく使うイタリア語の慣用句 1100

            2021 年 11 月 5 日　第 1 刷発行
            2021 年 12 月 30 日　第 2 刷発行

      著　者 ©　竹下 ルッジェリ・アンナ
                秋　山　美　野
      発行者　　及　川　直　志
      印刷所　　株 式 会 社 三 秀 舎

      101-0052 東京都千代田区神田小川町 3 の 24
発行所　電話 03-3291-7811（営業部），7821（編集部）　株式会社　白水社
      www.hakusuisha.co.jp
      乱丁・落丁本は送料小社負担にてお取り替えいたします。

振替 00190-5-33228　　　Printed in Japan　　　加瀬製本

ISBN978-4-560-08919-4

■秋山余思 編

イタリア基本単語集(新装版)

使用頻度に基づいた基本語 2200 を収録し,全見出し語に例文をつけました.例文ごと覚えることで,表現力が身につきます.重要単語は色刷り.全例文収録の別売 CD(3 枚組)あり.
2 色刷/ B 小型/ 243 頁(別売 CD あり)

■西本晃二/斎藤 憲 著

イタリア語動詞活用表

イタリア語の学習に動詞活用表は必須.規則動詞のほか,91 の不規則動詞を不定法語尾によって 3 群に分け,変化の類型によってまとめ配列.巻末に派生形も含めた不規則動詞の不定法索引と活用形の逆引き索引付き.
B 小型/ 156 頁

■竹下ルッジェリ・アンナ/堂浦律子 著

E メールのイタリア語

近況報告,お礼,お詫び,お祝い,お悔やみ,相談,予定調整,留学準備,添付用の企画書・履歴書など,応用自在な文例と関連表現を豊富に掲載.メールでさらにイタリア語力アップ!
A5 判/ 190 頁

■花本知子 著

留学とホームステイのイタリア語

「ステイ編」「学校生活編」「街中編」「日本のことを伝える」の各章には場面ごとの役立つ表現,巻末の「資料編」には留学までの準備,申請書の書き方など,実践的な情報が満載.
四六判/ 175 頁【CD 付】